파타고니아에서 이케아까지,
그린슈머를 사로잡은
브랜드의 플라스틱 인사이트를 배운다

플라스틱은 어떻게 브랜드의 무기가 되는가

김병규 지음

미래의창

플라스틱,
최고의 브랜드 전략이 되다

최근 버려진 플라스틱이 환경과 생태계에 일으키는 문제들에 대한 언론 보도와 연구 결과들이 연일 쏟아져 나오고 있다. 플라스틱 폐기물로 인해 땅과 바다가 병 들고, 수없이 많은 동식물들이 죽어가고 있다. 미세 플라스틱 조각들은 지구의 산소 공급을 책임지고 있는 미생물의 생존을 위협하고 있으며, 지구에서 가장 청정한 지역의 공기마저 오염시키고 있다. 플라스틱으로 인한 환경 오염 문제가 중요한 사회적 이슈로 떠오르자 많은 기업들이 친환경 기업이라는 이미지를 위해 다양한 시도를 시작했다. 하지만 기업이 '친환경'이라는 이름으로 진행하는 많은 활동들은 환경 보호에 실질적인 도움을 주지 않는 마케팅 활동인 경우가 대부분이다.

2019년 10월 코카콜라는 해양 플라스틱 폐기물로 만든 새로운 제품을 언론에 공개했다. 스페인과 포르투갈 해안에서 수거한 플라스틱을 재활용한 용기를 사용한 제품인데, 이런 뉴스를 들으면 마치 코카콜라가 플라스틱 문제에 적극적으로 나서고 있는 듯한 인상을 받는다. 그런데 이 제품은 홍보용으로 300개만 만들어졌으며 일반 소비자가 살 수 없는 제품이었다. 한국의 한 이동통신 회사는 2019년 3월 휴대폰 재활용 캠페인을 시작한다는 홍보 자료를 언론에 내보냈다. 30여 개의 직영점에 휴대폰 수거함을 설치하고 여기서 수거한 플라스틱으로 아이들 놀이터를 만든다는 계획이었다. 이 캠페인은 이 기업의 대표적인 환경 보호 활동 중 하나로 기록되어 기업의 지속가능경영 평가에서 높은 점수를 받는 데에 도움이 되었을 것이다. 하지만 소비자 입장에서 보면 군이 직영점까지 찾아가서 자신이 사용한 휴대폰을 반납할 이유가 없다. 심지어 수거 기간도 5개월에 불과한 단발성 이벤트였다. 이런 이벤트성 활동은 기업에 친환경 이미지를 부여하는 데에는 도움이 되겠지만 고객 참여율이 낮아 실질적인 환경 보호 효과는 미미하다. 이외에도 많은 기업들이 '기업의 사회적 공헌'이라는 이름 아래 다양한 환경 보호 활동을 하고 있지만, 많은 경우 기업 이미지를 좋게 만들기 위한 마케팅 수단이나 지속가능경영 평가 점수 관리 차원에서 진행된다.

　환경 문제가 심각해지면서 브랜드에 친환경 이미지를 만들려는 기업의 시도가 계속해서 증가하고 있다. 하지만 환경 문제는 단순히 기업 마케팅의 활용 도구가 아니다. 마케팅으로 기업에 친환경 이미지를 만들려고 해서도 안 되고, 친환경을 내세워 돈을 벌려고 해서도 안 된다. 기업은 가장 진실하고 순수한 마음으로 환경 문제 해결을 위해 노력해야 한다.

　기업이 환경 문제 해결에 적극적으로 나서야 하는 이유는 우선 모든 기업이 현재 발생하고 있는 환경 문제의 일차적 원인 제공자이기 때문이다. 기업은 원재료의 생산 과정과 제품의 제조 과정에서 많은 자원을 낭비하고 환경에 해로운 물질을 배출하고 있다. 판매한 제품들이 버려지면 대부분 땅에 매립되거나 소각되고, 기업이 사용하는 많은 양의 전기는 온실가스 배출량을 높이는 주된 요인 가운데 하나다. 그러므로 모든 기업은 환경 오염에 대해 책임감을 가지고 환경 문제 해결을 위해 적극적으로 임해야 한다.

　기업이 환경 문제를 마케팅 대상으로 봐서는 안 되는 또 하나의 이유는 환경 문제 해결이 지극히 어렵기 때문이다. 플라스틱으로 인한 환경 오염은 나날이 심각해지고 있다. 환경 단체, 시민, 정부가 다양한 해결책을 내놓고 있지만, 여전히 해결은 묘연하다. 기업이 나서야 하는 이유가 여기에 있다. 기업은 문제 해결 능력에 있어서 그 어떤 개인이나 조직보다 뛰어나다. 기업이 가진 역량을 총동원한 다면 환경 문제는 보다 더 효율적으로 해결될 수 있을 것이다.

기업이 환경 문제 해결에 나서야 하는 마지막 이유는 환경 보호를 위해 노력하는 것이 앞으로 최고의 브랜드 전략이 될 것이기 때문이다. 최고의 브랜드 전략이란 소비자의 마음을 얻고 그들과 함께 성장하는 브랜드가 되는 것이다. 친환경을 내세우는 기업의 광고나 이벤트만 보고서 그 기업을 친환경 기업이라고 생각하는 소비자들도 분명히 존재한다. 하지만 환경 문제가 더 심각해지고 환경 문제에 관심을 가지는 소비자들이 증가하면 할수록 소비자들은 환경 문제를 해결하기 위해 진실하게 노력하는 기업과 환경 문제를 마케팅적으로만 이용하는 기업을 분명하게 구분하게 될 것이다. 소비자들은 환경 오염에 대해 스스로 책임감을 가지고 진실한 마음으로 환경 문제 해결을 위해 최선의 노력을 다하는 기업을 응원하고, 그렇지 않은 기업에 등을 돌리게 될 것이다.

이것이 이 책을 쓰게 된 이유다. 기업에게는 진실한 마음으로 환경 문제 해결에 나서는 것만이 최고의 브랜드 전략임을 알리고,

플라스틱으로 인한 환경 문제 해결에 기여하려는 기업에 가이드라인을 제시하고자 한다. 또한 소비자에게는 환경 문제 해결을 위해 진실하게 노력하는 기업과 마케팅 차원으로 환경 문제를 이용하는 기업을 구분해달라고 요청하고자 한다. 이 책이 환경 문제에 관심을 가진 기업과 소비자 모두에게 작은 도움이 될 수 있기를 바란다.

목차

1부

플라스틱,
재앙의 시작

소리 없는 킬러,
플라스틱

지금 우리 주변에 플라스틱이 사용된 제품이 무엇이 있는지 찾아보자. 생각보다 많은 곳에 플라스틱이 사용되고 있다는 사실에 새삼 놀라게 될 것이다. 쉽게 생각할 수 있는 음료 용기, 식품의 포장재뿐만 아니라 컴퓨터, 모니터, 스마트폰, TV, 스피커 등 많은 전자제품의 케이스와 부품에 플라스틱이 사용되고 있다. 책상, 의자와 같은 가구에도 사용되고, 보관함이나 필기구 등 각종 사무용품, 자동차의 내·외장재, 의료 기기도 플라스틱으로 만들어진다. 우리가 입고 있는 옷도 상당수가 플라스틱 섬유(합성 섬유)로 만들어진 것이다. 타이어나 신발을 만들 때 사용하는 고무(합성 고무)도 플라스틱이다. 플라스틱이 사용된 제품을 찾는 것보다 플라스틱이 사용되지 않는 제품을 찾는 것이 더 어려울 정도로 플라스틱은 우리 삶의 곳곳에 자리하고 있다.

　　플라스틱은 열과 압력을 가해서 모양을 바꿀 수 있는 고분자 화합물을 말한다. '플라스틱Plastic'이라는 용어는 '원하는 모양으로 만들 수 있다'는 의미를 가진 그리스어 '플라스티코스Plastikos'에서 유래되었다. 단어가 뜻하는 바와 같이 플라스틱은 다양한 형태와 여러 성질을 가진 모습으로 변형이 가능하다. 게다가 가격까지 무척 저렴하다. 플라스틱이 개발되기 전에는 목재, 금속, 세라믹, 천연고무 등이 제품의 재료로 많이 사용되었는데, 이들은 가격도 비싸고 원하는 형태로 만들기도 어려워 제품 가격이 비쌀 수밖에 없었다. 하지만 플라스틱의 개발로 기업은 적은 비용으로도 수없이 다양한 형태와 종류의 제품을 만들 수 있게 되었고 소비자는 저렴한 가격에 원하는 제품을 구입할 수 있게 되었다. 이런 점에서 플라스틱은 현대인의 삶에 많은 혜택을 가져다준 가장 획기적인 소재라고 할 수 있다. 과거에는 시대마다 그 시대를 지배한 물질에 따라 석기, 청동기, 철기 시대라는 이름을 붙였는데, 그렇게 본다면 현시대를 '플라스틱 시대'라고 부르는 데 무리가 없을 것이다.

　　플라스틱은 2차 세계 대전이 끝난 후인 1950년대부터 본격적으로 사용되기 시작했는데, 1950년에 150만 톤에 불과했던 생산량이 2019년에는 3억 7천만 톤으로 무려 250배나 증가했다.[1] 플라스틱처럼 가격이 저렴하면서 쉽게 사용이 가능하고 대량으로 만들어낼 수 있는 대체재가 마땅히 없었기 때문에 플라스틱의 생산량은 매년 급속도로 증가했다. 특히 지금까지 생산된 플라스틱의 설반 이상이 2000년대 들어 생산된 것일 정도로 플라스틱의 생산량은 최근 들어 기하급수적으로 늘어나고 있다.[2]

문제는 버려진 플라스틱이다. 국제 학술지《사이언스 어드밴시스Science Advances》에 게재된 논문에 따르면 지금까지 생산된 83억 톤의 플라스틱 가운데 더 이상 사용되지 않는 플라스틱이 63억 톤에 달한다고 한다. 이 중 재활용된 플라스틱은 9%에 불과하다. 나머지 91%의 플라스틱 폐기물 가운데 12%는 소각되었고, 79%는 땅에 매립되거나 자연 속에 버려졌다. 50억 톤에 달하는 플라스틱 폐기물이 우리가 살고 있는 환경 속에 그대로 남아 있는 것이다. 지금 추세라면 2050년에는 자연에 남겨진 플라스틱 폐기물 양이 120억 톤에 달할 것으로 보인다.[3] 한국의 최고층 빌딩인 롯데월드타워의 무게가 75만 톤이니, 롯데월드타워가 1만 6천 개 있다고 생각하면 그 양이 어느 정도인지 가늠할 수 있을 것이다.

버려진 플라스틱 중 가장 문제가 되는 것은 플라스틱 용기와 포장재다. 플라스틱 용기와 포장재는 플라스틱 사용처 가운데 가장 큰 비중을 차지하며 증가 속도도 가장 빠르다. 전체 플라스틱 생산량에서 용기와 포장재가 차지하는 비율은 2000년 17%에서 2015년에는 25%로 많이 늘어났으며 사용량 또한 계속 증가세에 있다.[4] 특히 온라인 쇼핑이 확산하고, 식음료와 배달 음식 시장이 빠르게 성장하면서 플라스틱 용기와 포장재의 사용은 나날이 늘어나고 있다. 2020년에는 코로나19로 인해 비대면 거래와 배달이 폭증하면서 플

플라스틱 폐기물

63억 톤

재활용

9%

소각

12%

매립 및 방치

79%

이제까지 배출된 플라스틱 폐기물 63억 톤 중 재활용된 플라스틱은 9%밖에 되지 않는다. 12%는 소각되면서 공기를 오염시켰고, 79%는 땅에 매립되거나 방치되어 자연을 오염시켰다.

그래픽 김병규

리스틱 포장재와 그에 따른 폐기물이 더 많이 증가했다. 환경부 자료에 따르면 2020년 상반기에 배출된 플라스틱의 양은 전년동기 대비 15.6%나 증가해 하루 평균 발생량이 무려 848톤에 이른다. 그런데 환경부가 발표한 이 수치는 지자체의 공공 폐기물 선별장 자료에만 기초한 것으로 민간 선별장이 처리한 폐기물까지 합치면 이보다 훨씬 많은 양의 플라스틱 폐기물이 버려지고 있다.

플라스틱 용기와 포장재가 가장 큰 문제로 꼽히는 또 다른 이유는 플라스틱 제품 중 가장 짧은 생애를 가지기 때문이다. 일회용 생수병이나 테이크아웃 용기는 짧으면 몇 분, 길어야 몇 시간 사용하고 버려진다. 이 때문에 플라스틱 용기와 포장재는 사용량만큼 버려지는 폐기물의 양과 속도가 나날이 증가하고 있다.

영국 자선 단체 앨런 맥아더 재단Allen McArthur Foundation의 보고서에 따르면 전 세계에서 생산되고 있는 플라스틱 용기와 포장재 가운데 32%는 수거조차 되지 않은 채 자연에 방치되고, 40%는 매립되며, 14%는 소각된다고 한다. 실제로 재활용되는 비율은 14% 정도에 불과하다.[5] 물론 매립되거나 자연에 방치된 플라스틱이 분해되기는 하나 플라스틱 하나가 분해되는 데에만 수백 년이 걸리므로 그대로 자연 속에 남아 있는 거나 다름없다. 페트병은 분해되는 데 450년이 걸리고, 빨대는 200년이 걸린다. 칫솔은 400년, 일회용 기저귀나 캡슐형 커피 용기는 500년 동안 썩지 않는다. 바다에 버려진 낚시용 그물망은 600년 동안 바닷속에 그대로 남아 있다. 그나마 비닐봉지가 빨리 분해되는 편이지만 이마저도 분해되는 데 10년에서 20년은 걸린다.

이렇게 매립되거나 방치된 플라스틱 폐기물은 시간이 지나면서 작은 조각으로 나눠진다. 그리고 이 조각들은 비를 타고 강으로, 바다로 흘러 들어간다. 즉, 해양이 버려진 플라스틱의 마지막 종착지가 되는 것이다. 앨런 맥아더 재단 보고서에 따르면 매년 바다로 흘러 들어가는 플라스틱의 양은 800만 톤에 이른다고 한다. 15톤 덤프트럭에 플라스틱 폐기물을 가득 담아서 1분에 한 번씩 바다에 버리고 있는 셈이다. 2016년 기준으로 바다에 버려진 플라스틱의 양은 1억 5천만 톤으로 2050년이 되면 바다에 물고기보다 쓰레기가 더 많을 것이라는 예상이 나오고 있다.[6]

해양 오염의 피해는 고스란히 동물들에게 간다. 바다에 사는 해양 동물이나 새들은 바다에 떠다니는 버려진 플라스틱 용기나 조각들을 먹이로 착각해서 먹곤 한다. 심지어 어린 새끼에게도 준다. 이렇게 플라스틱에 노출된 해양 동물들은 플라스틱을 먹은 후 오는 포만감으로 배고픔을 느끼지 못해 정작 필요한 영양소 섭취는 어려워져 죽음에 이르는 경우가 많다. 이뿐만 아니라 플라스틱 제조 과정에서 포함된 다이옥신Dioxin*과 같은 물질이 해양 동물의 체내로 흡수될 수도 있고, 바다를 떠돌아다니는 과정에서 해양 동물에 해

---

* 환경호르몬 중 하나로 냄새와 색깔이 없어 인지하기 어렵고, 인체에 들어오면 쉽게 빠져나가지 않는다. 극미량으로도 생체 발육과 성장 및 기능에 큰 영향을 미쳐 문제가 심각하다.

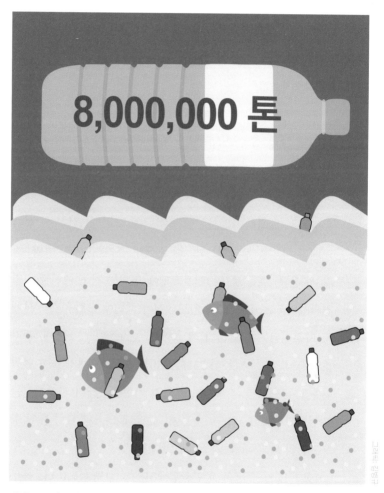

매년 800만 톤의 플라스틱이 바다로 흘러 들어가고 있다. 2050년이 되면 바다에 물고기보다 플라스틱이 더 많을 것이라는 예상이 나온다.

로운 박테리아나 바이러스가 플라스틱 조각들과 결합해 체내로 들어오기도 한다. 플라스틱을 먹지 않았다고 해도 버려진 비닐봉지에 머리가 걸려 질식사하거나 그물망이나 끈에 감겨 죽은 해양 동물들도 많다. 언론과 연구를 통해 보고된 해양 동물들의 피해들을 좀 더 자세히 살펴보자.

2019년 11월 영국 스코틀랜드 해변에서 나이가 10살 정도밖에 되지 않은 어린 향유고래(평균 수명 70년)의 사체가 발견되었다. 향유고래는 소설《모비딕》과 동화《피노키오의 모험》에 등장하는 고래로, 네모난 얼굴을 가진 대형 고래다. 이 향유고래의 사체를 부검했는데, 배 속에서 플라스틱 컵, 가방, 장갑, 포장끈, 그물 등 100킬로그램에 달하는 각종 폐기물이 발견되었다.**7** 2018년 11월 인도네시아 해변에도 향유고래 사체가 떠밀려왔는데 고래의 배 속에는 플라스틱 컵 115개, 플라스틱병 네 개, 비닐봉지 25개, 조리형 샌들 두 개가 들어 있었다.**8** 2018년 2월 스페인에서 발견된 향유고래의 사체에서는 29킬로그램이나 되는 비닐봉지, 로프, 플라스틱 드럼 등이 향유고래의 위와 내장을 막고 있었다.**9**

2019년 11월 태국의 국립공원에서는 키 135센티미터, 몸무게 200킬로그램에 달하는 대형 야생 사슴이 죽은 채로 발견되었다. 사슴을 부검해보니 사슴의 배 속에서 커피 용기, 즉석라면 용기, 비닐봉지 등 플라스틱 폐기물이 7킬로그램이나

나왔다.**10**

2019년 국내 연구진이 초미세 플라스틱이 열대어의 건강에 미치는 영향에 대해 연구한 논문이 과학 저널 《나노스케일 Nanoscale》에 게재되었다. 연구진은 열대지역 민물에 사는 제브라피시Zebrafish*를 초미세 플라스틱에 노출하고 플라스틱이 흡수되는 모습을 관찰했다. 실험 결과, 초미세 플라스틱은 배아에 영양분을 공급하는 난황에 집중적으로 축적되는 것으로 나타났다.**11** 초미세 플라스틱이 축적된 동물 배아에서는 미토콘드리아**를 손상까지 확인되었다. 체내 깊은 곳까지 들어오는 초미세 플라스틱이 유전자 변형까지 초래한 것이다.

2018년 8월 국제적으로 멸종위기종인 새끼 붉은바다거북이 제주도 앞바다에 방류되었다. 하지만 안타깝게도 이 새끼 붉은바다거북은 11일 만에 사체가 되어 다시 돌아왔다. 부검 결과, 새끼 붉은바다거북의 배 속에서 페트병 라벨, 사탕 포장재 등 200여 개의 플라스틱 폐기물이 발견되었다. 국립생태원과 국립해양생물자원관의 연구진이 지금까지 발견된 바다거북의 사체를 부검해보니 45마리의 바다거북 중 31마리의 몸에서 플라스틱 폐기물이 발견되었고 이 중 15마리는 플라

---

* 척추동물로 인간의 유전자와 70% 동일해 인간건강연구에 많이 사용되고 있다.
** 세포 성장에 필요한 에너지를 생산하는 소기관으로, 미토콘드리아의 에너지 생산이 줄어들면 유전병, 당뇨병, 심장질환 등 다양한 질병이 발생한다.

스틱이 직·간접적인 사인으로 밝혀졌다.[12] 세계적인 과학 저 널《네이처Nature》의 자매지《사이언티픽 리포트Scientific Reports》 에 실린 논문에 따르면 246마리의 바다거북 사체를 부검한 결과, 알에서 갓 부화한 새끼 바다거북의 54%, 청소년기 바 다거북의 23%에서 플라스틱 조각이 나왔다. 이 연구에 따르 면 바다거북이 한 조각의 플라스틱을 삼키는 것만으로도 사 망 확률이 22%나 되며 17조각을 삼키면 사망 확률이 50%로 증가한다.[13]

2018년 8월 태국에서는 위독한 상태의 둥근머리돌고래가 구 조된 지 나흘 만에 사망했다. 이 돌고래의 배 속에서도 비닐 봉지 80개가 발견되었다.[14]

2018년 생태환경 사진작가이자 문화인류학자인 크리스 조던 Chris Jordan이 다큐멘터리 영화〈앨버트로스Albatross〉를 공개했 다. 조던은 북태평양의 미드웨이Midway섬에 사는 희귀종인 앨 버트로스*의 삶을 카메라에 담았다. 어미 앨버트로스는 새끼 를 위해 수천 킬로미터를 날아다니며 먹이를 구해오는데, 영 화에서 어미 새가 새끼에게 준 먹이가 플라스틱이었다. 어미 새가 배고픈 새끼에게 플라스틱을 먹여주는 장면은 많은 사 람들을 충격에 빠뜨렸다. 미국 국립과학원회보PNAS에 보고된 연구에 따르면 해양 조류의 90%가 플라스틱을 섭취하고 있

---

* 우리나라에서는 '신천옹'이라 부르는 조류로, 주로 여름에 북한 바다에서 발견된다.

는 것으로 추정되며 2050년이 되면 플라스틱을 먹는 해양 조류가 99%에 달할 것이라고 한다.[15]

그런데 플라스틱으로 인한 해양 동물들의 피해는 어쩌면 빙산의 일각일지도 모른다. 호주 매쿼리대학교 연구진의 연구 결과에 따르면 미세 플라스틱은 지구 산소 공급의 5~10%를 책임지고 있는 광합성 박테리아 프로클로로코쿠스Prochlorococcus에도 영향을 미친다. 프로클로로코쿠스는 0.001밀리미터 이하의 아주 작은 크기지만 바닷물 1밀리리터당 10만 마리가 들어 있을 정도로 지구상에서 가장 숫자가 많은 광합성 생물로 지구의 산소 공급에 중대한 역할을 한다. 연구진은 미세 플라스틱이 담긴 바닷물에 프로클로로코쿠스를 넣고 이 미생물에 발생하는 변화를 관찰한 결과, 플라스틱이 이들의 성장과 광합성을 방해하고, 유전자 변형까지 가져온다는 것을 확인했다.[16]

또한 미국 코넬대학교 연구팀이 과학 저널《사이언스Science》에 보고한 연구에서는 플라스틱이 바닷속 산호마저도 병들게 한다는 것을 보여줬다. 산호는 작은 물고기들에게 서식처를 제공할 뿐만 아니라 공생관계에 있는 갈충조류˚에 영양분을 공급함으로써 지구의 산소 공급에 중요한 역할을 한다. 지구의 건강은 산호초에 달렸다고 해도 과언이 아닐 정도로 산호는 지구 생태계에 중요한 존재

˚   광합성하는 단세포 플랑크톤을 말한다.

다. 연구진에 따르면 플라스틱 조각에는 산호에 해로운 박테리아가 붙어 있어서 플라스틱 조각이 산호와 접촉하면 산호가 질병에 걸릴 확률이 4%에서 89%로 20배나 증가한다고 한다. 문제는 이미 많은 산호들이 플라스틱으로 뒤덮여 있다는 것이다. 2018년 기준으로 아시아 태평양 지역의 산호에 붙어 있는 플라스틱 조각 수는 111억 개나 되며, 2025년이 되면 그 수가 157억 개에 달할 것으로 추정된다.[17]

이것이 다가 아니다. 청정 지역의 공기와 북극 하늘에서 내리는 하얀 눈조차도 이미 플라스틱에 오염된 상태다. 2019년 4월《네이처 지오사이언스Nature Geoscience》학술지에 게재된 연구에서는 프랑스와 영국의 과학자들이 프랑스의 대표 청정 지역인 피레네산맥의 대기 질을 분석했다. 해발 고도 1,370킬로미터 고산지대에 분석기를 설치하고 5개월 동안 대기 샘플을 수집했더니, 분석기 표면 1제곱미터당 매일 365개의 미세 플라스틱이 발견되었다. 이는 중국의 공업 지대인 둥관시의 대기에서 발견되는 미세 플라스틱 양과 비슷하다. 연구진에 따르면 프랑스 전 지역을 매년 2천 톤의 플라스틱으로 뒤덮을 수 있을 정도로 많은 양이라고 한다.[18] 이 연구는 미세 플라스틱이 대기를 타고 날아다니며 청정 지역이라 불리는 곳의 공기마저 오염시키고 있다는 것을 보여준다.

2019년 8월《사이언스 어드밴시스》에 게재된 연구에서는 독일의 과학자들이 북극의 눈 속에 함유된 플라스틱을 파악하기 위해 적외선 분광기를 사용해 북극의 눈을 분석했다. 분석 결과, 북극의 눈 1리터당 14,400개의 미세 플라스틱 입자가 발견되었다.**19** 북극 하늘에 플라스틱 눈이 내리고 있는 것이다. 많은 사람들이 북극 하면 새하얀, 순수하고 깨끗한 생명체로 여기는 북극곰을 떠올리지만, 이들의 몸도 이미 미세 플라스틱으로 가득 차 있을지 모른다.

이처럼 플라스틱은 해양 생태계를 파괴하고, 지구의 산소 공급을 책임지는 미생물과 산호를 병들게 하며, 청정 지역의 공기와 눈까지 오염시키고 있다. 인간의 편리함을 위해 발명한 플라스틱이 인간을 파괴하고 있는 꼴이다. 플라스틱으로 인한 피해는 여전히 개선될 여지가 전혀 보이지 않은 채 사용량만 계속해서 증가하고 있다.

버려진 플라스틱은
어디로 가나?

버려진 플라스틱으로 인한 문제는 사실 어제오늘의 일은 아니다. 전 세계 환경 단체들은 오래전부터 플라스틱 문제를 지적해왔고, 언론에서도 이 문제를 꾸준히 다뤄왔다. 하지만 대부분의 나라에서 플라스틱 문제에 적극적으로 대처하지 않았다. 그들에게는 중국이라는 좋은 수출처가 있었기 때문이다.

전 세계 플라스틱 폐기물의 46%가 중국으로 보내질 정도로 중국은 플라스틱 폐기물의 최대 수입국이었다. 플라스틱 폐기물 분류 작업에 필요한 인건비가 저렴할 뿐만 아니라 중국 내에서 재활용 플라스틱에 대한 수요가 많아 플라스틱 폐기물을 적극적으로 수입했다. 하지만 너무 많은 플라스틱 폐기물을 수입하면서 자국 내·

외부에서 플라스틱으로 인한 환경 오염 문제에 대한 비판이 거세지자 2018년 1월 1일, 중국은 돌연 플라스틱 폐기물 수입을 금지했다.

중국 수출이 막히자 유럽, 미국, 일본 등 주요 플라스틱 폐기물 수출국들은 새로운 수입국을 찾아 나섰고 태국, 말레이시아, 베트남, 인도, 필리핀, 인도네시아 등 동남아시아 지역으로 플라스틱 폐기물을 보내기 시작했다. 한 예로 2018년 1분기에 태국의 플라스틱 폐기물 수입량은 전년도에 비해 무려 18배나 증가했다. 하지만 중국이 수입하던 플라스틱 폐기물의 양이 워낙 많았기 때문에 동남아시아 국가에서 이를 모두 수용하기에는 한계가 있었다. 게다가 이 국가들도 플라스틱 폐기물로 인한 환경 오염 문제들이 대두되자 수입 제한 조치를 내리기 시작했다.

결국 중국을 통해 손쉽게 플라스틱 폐기물을 처리해왔던 국가들은 모두 자국 내에서 플라스틱 폐기물을 처리해야 하는 상황을 맞이하게 되었다. 실제 유럽, 미국, 일본이 다른 나라로 수출한 플라스틱 폐기물 양은 2018년 한 해 동안 기존의 절반 수준으로 줄었다.[20] 《사이언스 어드밴시스》에 보고된 연구에 따르면 2017년 상반기에 유럽이 수출한 플라스틱 폐기물 양은 143만 톤에 달했는데, 중국이 플라스틱 폐기물 수입을 금지한 후인 2018년 하반기 수출량은 81.5만 톤으로 43%나 감소했다. 나머지 61.5만 톤의 플라스틱 폐기물이 유럽에 남게 된 것이다.[21]

플라스틱 폐기물 수출이 어려워진 것은 폐기물 수입국의 환경을 보호한다는 측면에서는 분명 바람직한 일이다. 하지만 갑자기 수출길이 막힌 국가들은 자국 내에서 배출한 플라스틱 폐기물을 처리할 능력을 갖추지 못해 전 세계적으로 플라스틱 폐기물 문제가 심각한 사회적 이슈로 부상했다.

한국의 경우 문제는 더욱 심각하다. 유럽의 플라스틱 생산 관련 기업 총괄 조직인 유로맵EUROMAP이 2016년 발표한 플라스틱 생산 및 소비 조사 보고서에 따르면 조사 대상에 포함된 63개 국가 가운데 한국이 일인당 플라스틱 소비량에서 2위를 차지했다. 이는 한국이 그 정도로 많은 양의 플라스틱 폐기물을 배출하고 있다는 것을 의미한다.[22] 이 자료의 정확성에 대해서는 추가적인 검토가 필요하지만, 한국에서 플라스틱 제품과 포장재가 너무 많이 사용되고 있다는 점에는 모두 동의할 것이다.

이보다 더 큰 문제는 자체적으로 배출하는 플라스틱 폐기물도 많은데 수입까지 많이 한다는 점이다. 중국의 플라스틱 폐기물 수입 금지 조치 이후 외국에서 배출한 많은 플라스틱 폐기물이 한국으로 들어왔다. 환경부 자료에 따르면 2018년 초에 플라스틱 폐기물 수입량은 전년 대비 세 배나 증가했다. 특히 일본에서 수입한 플라스틱 폐기물이 압도적으로 많은데, 2018년 1, 2월 두 달 동안 일본으로부터 무려 4,916톤의 플라스틱 폐기물을 수입했다. 일본뿐 아니라 미국, 네덜란드, 홍콩에서도 많은 양의 플라스틱 폐기물을 한국으로 보냈다. 다른 나라에서 동남아시아로 보낸 폐기물이 한국으로 들어오기도 했다. 2019년 8월 인도네시아 정부는 미국, 영국, 일본 등의 국가에서 인도네시아로 보낸 폐기물 컨테이너를 반송시

한국의 플라스틱 폐기물 수입량은 2017년 3,800톤에서 2018년 1만 2천 톤으로 1년 만에 급격하게 증가했다. 특히 일본으로부터 많은 플라스틱 폐기물이 유입되었다.

그래픽: 김병규

켰는데, 반송시킨 58개의 컨테이너 가운데 세 개는 한국으로 들어왔다.[23] 한국은 사실상 쓰레기 수입국인 것이다.

그런데 왜 우리나라는 플라스틱 폐기물을 수입하는 것일까? 플라스틱 폐기물을 수입하는 이유는 재활용 플라스틱의 공급과 수요가 시장경제 원리에 의해 정해지기 때문이다. **한국에서 생산된 플라스틱 용기들은 라벨에 사용된 접착제, 용기의 색, 복합 소재 사용 등의 문제로 일본에서 수입한 플라스틱 용기들보다 재활용되는 비율이 낮다.** 플라스틱 가운데 재활용률이 가장 높은 페트병조차 한국에서 생산된 제품의 경우 재활용되기보다는 소각되거나 매립되는 비율이 높다. 실제로 일본 페트병의 재활용률은 90%가 넘는 반면 한국에서 생산된 페트병의 재활용률은 50% 수준이다.[24] 재활용업체로서는 한국에서 발생한 플라스틱 폐기물을 재활용하는 것보다 일본이나 미국에서 수입한 플라스틱 폐기물을 재활용하는 것이 더 경제적이라 플라스틱 폐기물을 수입할 수밖에 없었다. 그렇다 보니 한국은 그 어떤 나라보다 많은 양의 플라스틱 폐기물이 모이는 곳이 되었다.

더 큰 문제는 외국산 플라스틱 폐기물이 한국에 들어오면 들어올수록 한국에서 발생한 플라스틱 폐기물 가격은 내려간다는 점이다. 한국산 플라스틱 폐기물 가격이 내려가면 폐기물 수거업체는 가정에서 분리수거한 플라스틱 폐기물을 수거하지 않으려 하거나 수거하더라도 재활용하지 않고 소각하거나 매립해버린다. 수거를 하면 정부가 보조금을 주니 일단 수거를 하긴 하지만 플라스틱 폐기물 가격보다 재활용하는 비용이 더 비싸서 제대로 재활용하지 않

CNN에 보도된 경북 의성군의 쓰레기 산이다.

는다. 몇몇 수거업체들이 수거한 폐기물을 야산이나 창고에 불법적으로 투기해 문제가 되기도 했다.

　　2019년 3월 미국 CNN 방송은 한국 경북 의성군의 거대한 쓰레기 산을 보도했다. 이곳에는 한 재활용업체가 불법적으로 방치한 17만 톤에 달하는 쓰레기가 10미터 높이의 거대한 산을 이루고 있었다. 이 쓰레기 더미에서 발생하는 메탄가스는 공기를 오염시키고 침출수는 주변의 땅과 강으로 흘러 들어가고 있었다.° 이는 의성군만의 일이 아니다. CNN 보도 이후 환경부가 자체적으로 조사한 바

● 　경북 의성군은 CNN 보도 이후 이곳의 쓰레기를 처리하기 시작해서 2021년 2월 쓰레기 처리를 완료했다. 쓰레기 처리에 든 비용은 무려 282억 원이었다.

에 따르면 전국 235곳에 120만 톤의 쓰레기가 불법적으로 방치되어 있다고 한다. 이것이 한국 폐기물 관리의 현실이다.

지금 이 순간에도 한국에는 엄청난 양의 플라스틱 폐기물이 발생하고 있는 동시에 많은 양의 플라스틱 폐기물이 수입되고 있고, 플라스틱 폐기물의 상당수는 제대로 재활용되지 못한 채 소각되거나 매립되어 자연 속에 방치되고 있다. 이런 추세가 지속한다면 한국의 산과 바다는 머지않아 플라스틱 폐기물로 가득 차게 될 것이다. 우리는 쓰레기로 가득 찬 대한민국을 자라나는 우리 아이들에게 물려주고 있는 것이다.

플라스틱에 대한
규제가 시작되다

플라스틱 폐기물 문제가 심각한 상황에 이르자 세계 각국에서는 플라스틱에 대한 다양한 규제책을 쏟아내고 있다. 유럽연합은 2018년 1월 '순환경제를 위한 플라스틱 배출 전략'을 발표했다. 이 전략에 따르면 유럽은 2021년 이내에 해변에서 자주 발견되는 일회용 플라스틱 제품의 출시를 전면 금지한다. 면봉, 일회용식기와 접시, 빨대, 풍선용 막대 등이 여기에 해당한다. 2025년까지일회용 플라스틱 음료 용기의 회수율을 90%까지 달성하고, 2030년까지는 유럽에서 발생한 플라스틱 폐기물 중 절반 이상이 재활용되도록 한다.

미국은 지금까지 플라스틱 규제에 소극적이었다. 2017년 이

출처: 롯데칠성음료

출처: 코카콜라

칠성사이다는 사이다의 상징이었던 녹색을 버리고 투명 페트병을 사용하기 시작했다. 씨그램은 아예 라벨을 없앴다.

전만 해도 매장에서 비닐봉지 사용을 규제한 주는 캘리포니아와 하와이 두 개 주에 불과했다. 하지만 최근 들어 많은 주들이 비닐봉지 사용을 제한하는 법안을 상정하거나 통과시키고 있다. 비닐봉지뿐 아니라 플라스틱 제품 자체에 대한 규제가 곳곳에서 일어나고 있다. 뉴욕시는 2019년 1월부터 매장에서 스티로폼 사용을 금지했고, 캘리포니아주는 2019년 1월 패스트푸드 매장을 제외한 모든 매장에서 빨대 사용을 금지했다. 시애틀시는 2018년 7월부터 매장에서 빨대뿐만 아니라 일회용 식기 사용을 전면 금지했다. 일회용 플라스틱 사용 규제에 맞추기 위해 던킨도너츠는 2020년 5월부터 모든 매장에서 뜨거운 음료를 담기 위해 사용하는 스티로폼 컵을 종이컵으로 대체했고, 맥도날드는 2025년까지 모든 포장재를 재사용 또는 재활용이 가능한 것으로 바꾸기로 했다. 스타벅스는 매장에서 제공하는 플라스틱 빨대를 없앴고, 일회용 종이컵을 재활용이 가능하거나 퇴비로 쓸 수 있는 컵으로 바꾸겠다고 했다.

  한국 정부도 최근 플라스틱 폐기물을 줄이기 위한 노력을 시작하면서 2022년까지 일회용 컵 및 비닐봉지 사용량을 35% 줄이고, 2030년까지 플라스틱 폐기물을 절반으로 줄인다는 목표를 세웠다. 이러한 노력의 일환으로 2020년부터 생수와 음료수 용기에 유색 페트병 사용이 금지되었고, 2021년부터는 커피전문점이나 식당

· 현재 사용하는 스타벅스 종이컵은 내부에 플라스틱 코팅이 되어 있어 재활용되지 않는다.

에서 종이컵과 플라스틱 빨대 사용이 금지된다. 2022년부터는 사업장이 100개 이상인 대형 커피전문점이나 제과점, 프랜차이즈 식당 등에서 일회용 컵에 보증금 제도가 도입된다.

이외에도 전 세계의 많은 나라들이 일회용 플라스틱의 사용을 규제하거나 금지하는 법안들을 속속 내놓고 있다. **각 나라의 정부들이 내놓는 플라스틱 규제안들은 시간이 지날수록 더욱 강력해지고 적용 대상 범위도 점점 더 넓어지고 있는 양상이다.**

플라스틱에 대한 규제는 각 나라에서 자발적으로 만들고 있지만, 선진국이나 국제기구에 의해 주도되는 면이 크다. 2017년 7월 독일 함부르크에서 개최된 G20 정상회의에서는 G20 회의 최초로 해양 쓰레기 문제가 다뤄졌으며, 2019년 6월 일본 오사카에서 개최된 G20 정상회의에서는 2050년까지 플라스틱 폐기물의 해양 방출을 제로로 만들기로 하는 내용이 포함되었다. 유엔은 2018유엔환경계획 '일회용 플라스틱: 지속가능성을 위한 로드맵'을 발표해 모든 나라가 일회용 플라스틱을 줄이는 노력을 할 것을 촉구했다. 이처럼 플라스틱 문제는 현재 전 세계적으로 가장 중요한 이슈다.

하지만 이러한 노력에도 불구하고 플라스틱 폐기물은 좀처럼 줄어들지 않고 있다. 오히려 계속 증가하고 있으며, 이로 인한 피해는 날이 갈수록 심각해지고 있다. 정부와 환경 단체, 그리고 많은 사람들이 일회용 플라스틱 사용을 줄이려는 노력을 지속적으로 하고 있지만, 플라스틱 폐기물 증가를 대폭 줄이기에는 역부족인 것이 현실이다.

이 책에서는 플라스틱 문제에서 기업의 역할을 강조하고자 한다. 기업은 문제를 해결하는 능력에 있어서 그 어떤 정부 기관이나 민간단체보다 뛰어난 역량을 가지고 있다. 특히 소비재 기업이 지닌 마케팅, 디자인, R&D 능력은 세상을 변화시키는 데 있어서 마법과 같은 힘을 발휘할 수 있다. 이런 능력을 기업의 이윤 증대나 이미지 제고만을 위해 사용하지 않고, 환경 오염 문제를 해결하는 데 적극적으로 사용한다면 플라스틱 문제 해결에 크게 기여할 수 있을 것이라 생각된다. 앞으로 기업이 진실한 마음으로 책임감을 가지고 창의적이고 혁신적인 방법으로 플라스틱 문제 해결에 앞장선다면 환경 문제 해결에 기여할 뿐만 아니라 소비자의 사랑과 선택을 받는 기업으로 자리매김하게 될 것이다.

2부

플라스틱을 알아야
답이 보인다

플라스틱,
제대로 알자

플라스틱 문제에 대한 해결책을 논하기 전에 우선 플라스틱에 대해서 좀 더 자세히 알아보도록 하자. 플라스틱이라는 용어는 송진이나 천연고무처럼 자연에서 얻을 수 있는 천연수지와 화학적 과정을 통해 인위적으로 만들어낸 합성수지를 모두 포함하지만, 일반적으로는 석유나 셰일가스 등 화석 원료를 사용해서 만드는 합성수지, 합성 섬유, 합성 고무 등을 지칭한다.

석유나 가스 등과 같은 화석 연료에서는 에틸렌, 프로필렌, 벤젠과 같은 물질이 추출되는데 이 물질을 기초로 해서 PETE(폴리에틸렌 테레프탈레이트), HDPE(고밀도 폴리에틸렌), LDPE(저밀도 폴리에틸렌), PVC(폴리염화 비닐), PS(폴리스티렌), PP(폴리프로필렌), PC(폴리카보네이트), 나일론 등 다양한 종류의 플라스틱이 만들어진다. 이들 플라스틱의 구조나 제조 과정과 관련된 명칭은 대부분 전문 화학 용어라 일반 사람들이 이해하기에는 어려우므로 여기서는 화학 용어 대신 플라스틱 제품에서 흔히 볼 수 있는 플라스틱 용기나 포장재에 표기된 번호를 통해 플라스틱 종류를 살펴보도록 하겠다.

플라스틱 분류 코드

플라스틱 용기나 포장재를 살펴보면 플라스틱 종류가 표시되어 있다. 숫자 코드가 사용된 제품도 있고 플라스틱 종류가 한글로 직접 표기된 제품도 있다. 숫자 코드는 국제표준화기구ISO에서 정한 분류 기호다. 한국에서는 2012년부터 숫자 코드 대신 한글로 된 코드를 사용하고 있다(한국의 분류 코드에 대해서는 바로 뒤에 나오는 '분류 코드의 한계'에서 더 자세히 살펴보겠다).

❶ PETE

PETE는 가장 많이 사용하는 플라스틱으로 얇고 잘 구부러지는 소재다. 흔히 페트병이라고 부르지만 정확한 명칭은 폴리에틸렌 테레프탈레이트Polyethylene Terephthalate다. 줄여서 PET 또는 PETE라고 부른다. 생수병 용기나 음료 용기 등으로 사용되고 폴리에스터Polyester와 같은 합성 섬유로도

생수, 케첩, 샴푸나 세제 등 사람들이 일상에서 사용하는 많은 용기들은 대부분 페트로 만들어진다.

만들어진다. 페트 생산량의 30%가 용기로 사용되고, 60%가 폴리에스터로 사용된다. 재활용된 페트ʳPET에 대한 수요가 높아 플라스틱 가운데 재활용이 가장 잘 이뤄지고 있다. 재활용된 페트는 옷, 생활용품 용기, 카펫 등을 만드는 데 사용된다.

❷ HDPE

HDPE는 고밀도 폴리에틸렌High-density Polyethylene을 말한다. 페트와 마찬가지로 에틸렌으로 만들어진다. 반투명하고 잘 구부러지지 않으며 충격과 열에 강해서 건설 자재나 가구에 많이 사용된다. 소비재 중에는 세제 용기, 샴푸 용기, 식품 용기, 우유 용기 등을 만드는 데 사용되고 영유아 장난감에도 사용된다.

❸ V, PVC

PVC는 폴리염화 비닐Polyvinyl Chloride로 원래는 단단한 형태지만 가소제를 넣어 부드럽게 만들 수 있어 단단한 형태와 부드러운 형태 두 가지가 있다. 단단한 형태의 PVC는 수도관, 하수관, 창문틀 등 건축 자재로 많이 사용되고 부드러운 형태의 PVC는 장난감, 샌들이나 가방과 같은 액세서리, 우비, 인조 가죽, 비닐 장판 등을 만드는 데 사용된다. 제품 포장에 사용되는 랩도 PVC로 만든다. 하지만 열에 약해 열이 가해지면 다이에틸헥실프탈레이트DEHP와 같은 가소제 성분이 방출될 위험이

HDPE는 충격과 열에 강한 소재로 세제나 비누와 같은 생활용품 용기로 많이 사용된다.
우유 용기로도 많이 사용된다.

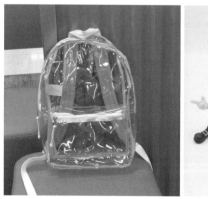 

PVC는 공업용이나 건설용 플라스틱으로 알려져 있지만 소비재에도 많이 사용된다. 투명한 소재의 가방, 우비, 장난감, 제품 포장에서 덮개로 사용되는 플라스틱(블리스터 포장)
등이 PVC로 만들어진다.

있다. 단, 한국에서 생산되는 식품용 PVC 랩에는 프탈레이트 가소제가 사용되지 않는다고 한다.

❹ LDPE

LDPE는 저밀도 폴리에틸렌High-density Polyethylene으로 HDPE와는 밀도 차이로 구분된다. 절연성, 방수성이 좋고 투명도가 높다. 부드러운 재질의 밀폐 용기, 튜브형 용기, 지퍼 백, 가정용 식품 랩, 일회용 장갑 등을 만드는 데 사용된다. 주스나 우유 종이팩의 내·외부 코팅 재료로도 사용된다. 일회용 비닐봉지의 소재이기도 하다.

❺ PP

PP는 폴리프로필렌Polypropylene으로 단단하고 열에 강하며 산, 염기, 유기용제 등에 대한 내화학성도 강하다. 게다가 탄력성도 있다. 안전도가 우수한 플라스틱으로 여겨지지만, 가격이 비싼 편이다. 내열 온도가 130도에서 150도로 높기 때문에 전자레인지용 용기로 많이 사용되고, 일회용 컵, 식품 용기, 음료 용기 뚜껑 등을 만드는 데도 많이 사용된다. 그밖에 보관함, 일회용 기저귀, 포장 상자 테이프, 이불 솜, 쌀 포대도 PP로 만드는 제품이다.

LDPE는 잘 구부러지는 튜브형 용기, 지퍼 백, 가정용 랩, 비닐봉지 등을 만드는 데 사용된다.

PP는 요거트 용기, 컵라면 용기, 보관함, 밀폐 용기 등 다양한 용도로 사용되는 플라스틱이다. 투명한 PP의 경우 페트와 쉽게 구분되지 않는다.

❻ PS

PS는 폴리스티렌Polystyrene을 말한다. 산소나 수증기의 투과율이 높고 열과 충격에 약하지만, 가격이 저렴하고 성형성이 좋다. 단단한 형태와 폼 형태가 있는데, 단단한 형태의 PS는 일회용 면도기, 일회용 그릇, 조립식 장난감을 만드는 데 사용된다. 바나나 맛 우유 용기도 PS로 만든다. 폼 형태의 PS는 완충재로 많이 사용되는 스티로폼이다. 사실 스티로폼이라는 명칭은 폼 형태 PS의 상표명이다. PS는 고온에서 비스페놀 A BPA나 스티렌다이머Styrene Dimer와 같은 환경호르몬을 발생시키기 때문에 많은 나라에서 식품 용기에 사용을 금지하고 있다. 그런데 한국에서는 관련 규정이 없어서 여전히 다양한 용도로 널리 사용된다. 2017년에 진행한 한 조사에 따르면 한국에 있는 커피 브랜드 24개 가운데 23개에서 커피 뚜껑으로 PS를 사용한다고 한다.[1]

❼ 기타

이외에 폴리카보네이트인 PCPolycarbonate, 아크릴, 나일론 등의 플라스틱은 기타로 분류된다. 여러 가지 종류의 플라스틱으로 만들어진 복합 용기 제품도 기타로 분류된다. 전자레인지용 즉석밥 용기가 대표적인 예다. 즉석밥 용기는 두 장의 PP 사이에 EVOHEthylene Vinyl Alcohol 필름(대표적인 고 차단성 필름)을 넣은 복합 재질로 만들어진다. 기타로 분류된 플라스틱은 플라스틱의 종류를 구분하기도 어렵고 복합 소재 제품이 많

PS로 만들어진 일회용 컵은 뜨거운 음료에 사용하면 환경호르몬이 배출될 수 있어 주의가 필요하다. 그런데 대부분의 커피 뚜껑이 PS를 사용하고 있다.

기 때문에 분리배출하더라도 재활용되지 않는다. 대부분의 사람이 즉석밥을 먹은 후 용기를 깨끗이 씻어서 분리배출하지만 이 용기들은 재활용되지 않고 땅에 매립되거나 소각된다. 또한 기타로 분류되는 플라스틱은 몸에 좋지 않은 유해 성분을 포함하고 있는 경우가 많다. 가령 PC는 BPA로 만들어지는데 BPA는 여성호르몬과 유사한 구조로 호르몬 교란 작용을 일으키는 환경호르몬이다.

분류 코드의 한계

숫자를 사용하는 플라스틱 분류 코드는 일반 사람들이 봤을 때 해당 숫자가 무엇을 의미하는지 알기 어렵다. 숫자 코드가 만들어진 목적 자체가 소비자를 위한 것이 아니라 재활용업체를 위한 것이기 때문이다. 재활용 과정에서 분리의 편의성을 위해서 만들어진 코드로, 잘 보이지 않는 곳에 표시되어 있는 경우가 많다. 이런 이유로 나라별로 소비자 입장에서 이해하기 쉬운 분류 코드를 만들기도 한다. 오른쪽 사진에서 볼 수 있듯이 한국에서는 현재 숫자 코드를 사용하지 않고 페트, 플라스틱 등 한글로 표시된 분류 코드를 사용하고 있다.

한국의 새로운 표기법은 국제 표준 코드보다 이해하기 쉽지만, 플라스틱의 재활용률을 높이는 데 있어 보완해야 할 점들이 많다. 우선 소비자들이 어떻게 분리배출해야 하는지에 대한 정보가 표시되어 있지 않다. 음식이나 다른 물질 등으로 오염된 플라스틱 용

한국의 분리배출 표기는 소비자의 이해를 돕기 위해 숫자 대신 '플라스틱'이라고 표시한다. 재활용 비율이 높은 페트만 별도로 '페트'라고 구분하고 있다.

기는 세척 후 배출해야 재활용이 가능한데 현재 표기법은 이러한 배출 방법을 설명하지 않는다. 소비자 입장에서는 모든 플라스틱 용기가 쉽게 재활용된다고 생각하고 배출 전에 세척의 필요성을 느끼지 못할 수도 있다.

더 중요한 문제는 재활용되지 않는 플라스틱에 대한 별도의 표시가 없다는 것이다. 플라스틱 용기 가운데 여러 종류의 플라스틱으로 만들어진 용기나 포장재는 재활용이 안 된다. 7번 'OTHER'로 분류된 플라스틱이 그렇다. 이런 용기나 포장재가 다른 플라스틱과 함께 수거되면 재활용업체의 선별 작업을 어렵게 만들고 재활용 플라스틱의 품질을 낮출 수 있어 복합 소재의 플라스틱 폐기물은 대부분 소각되거나 땅에 매립된다. 이런 이유로 정부나 환경 단체에서는 생산업체들이 복합 소재로 만들어진 용기나 포장재를 사용하지 않을 것을 권장하지만 잘 지켜지지 않는 실정이다.

재활용 분류 코드의 단점을 보완한 대표적인 표기법으로는 미국의 하우2리사이클How2Recycle이 있다. 이는 미국 정부가 아닌 민간단체가 만든 것으로 철저히 소비자 입장에서 재활용에 대한 기여를 높이기 위해 만들어진 표기법이다. 현재 미국과 캐나다의 많은 브랜드들이 자발적으로 이 표기법을 채택하고 있다. 하우2리사이클에는 제품의 부품별로 분리배출 방법이 상세히 표시되어 있고, 재활용되지 않는 제품이나 부품에는 재활용이 안 된다는 표시가 명확하게 기재되어 있어 소비자들이 쉽게 구분할 수 있다.

재활용되지 않는다는 표시가 있으면 소비자들은 그 제품이나

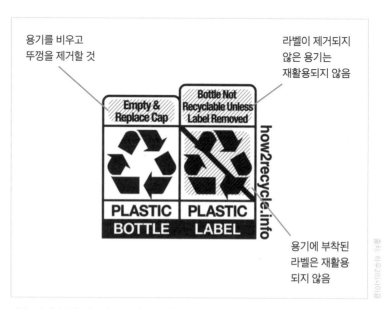

용기를 비우고
뚜껑을 제거할 것

라벨이 제거되지
않은 용기는
재활용되지 않음

Empty &
Replace Cap

Bottle Not
Recyclable Unless
Label Removed

PLASTIC
BOTTLE

PLASTIC
LABEL

how2recycle.info

용기에 부착된
라벨은 재활용
되지 않음

하우2리사이클은 제품의 부품별로 분리배출 방법에 대한 정보를 자세히 제공하는데, 재활용되지 않는 플라스틱에 대해서 '재활용되지 않는다'는 것을 분명하게 표시한다. 이러한 표기법은 플라스틱의 재활용률을 높이는 데 효과적이다.

재활용이 가능할 것처럼 보이지만 포장재 내부에 지퍼락 형태의 밀봉 장치가 있어 재활용되지 않는다. 제품의 뒷면에는 이 제품이 재활용되지 않는다는 표시가 분명하게 되어 있다. 이런 표시가 있으면 환경 문제에 관심 있는 소비자들은 제품 구입을 꺼리게 된다.

부품을 쓰레기 종량제 봉투에 담아서 버려야 하므로 그런 제품을 구입하는 것이 자신에게 금전적인 손해를 가져온다는 것을 알게 된다. 이는 소비자들로 하여금 해당 제품에 대한 구입을 꺼리게 만들고, 기업이 재활용이 쉬운 용기를 사용하거나 개발하도록 유도하는 효과가 있다.

이에 맞춰 한국 정부도 분리배출 표기에 대한 보완책을 발표했다. 환경부는 2020년 2월 24일 '포장재 재질·구조 등급표시 기준'을 고시했는데 이 기준의 핵심은 분리배출 표기에 재활용 등급을 표시하는 것이다. 이제 플라스틱 제품 생산자는 제품의 재활용 용이성을 '재활용 최우수', '재활용 우수', '재활용 보통', '재활용 어려움' 등으로 표시해야 한다. 이는 기업에 제품의 재활용 등급을 명확하게 표시하게 함으로써 재활용이 어려운 플라스틱 용기와 포장재의 사용을 줄이도록 유도하기 위함이다. 하지만 이러한 제도가 얼마나 플라스틱 문제 해결에 도움이 될지는 미지수다. '재활용 어려움'이 표기된 제품이라 할지라도 여전히 재활용품으로 분리배출이 가능하기 때문이다. 지금 가장 필요한 것은 재활용이 안 되거나 어려운 제품을 재활용품으로 분리배출되지 못하게 하는 새로운 표기법이다. 그래야만 기업이 용기와 포장재 디자인을 보다 친환경적으로 개선하려고 노력할 것이다. 한국의 분리배출 표기도 '재활용 어려움'보다 '재활용되지 않는다'처럼 단호하고 명확하며 자세하게 표기하는 방식으로 변경되어야 한다.

플라스틱의 재활용 과정

석유와 가스 같은 화석 연료로부터 만들어진 새 플라스틱을 버진 플라스틱Virgin Plastic이라고 부른다. 버진 플라스틱은 천연자원인 화석 연료를 사용해 만들어지며 제조 과정에서 다량의 탄소 가스를 배출한다. 알다시피, 탄소 가스는 대기오염과 지구 온난화의 주범이다. 따라서 환경 오염 문제를 해결하기 위해서는 일차적으로 버진 플라스틱의 사용을 줄이고, 사용한 플라스틱은 최대한 재활용하는 것이 가장 중요하다. 무엇보다 재활용된 플라스틱 사용을 늘리면 버진 플라스틱 사용이 줄어들게 된다.

대부분의 플라스틱은 재활용 과정을 통해 다시 새로운 플라스틱 재료로 만들어질 수 있다. 다만 플라스틱 폐기물의 상태나 재활용업체의 기술에 따라 재활용되는 정도가 크게 달라진다. **분리배출된 플라스틱 가운데 재활용이 가장 쉬운 것은 페트다.** 국제 표준 코드에서 페트를 1번으로 표시하고, 한국에서도 다른 플라스틱은 모두 플라스틱으로 표시하지만 페트만 별도로 '페트'라고 표시하는 이유도 페트가 가장 쉽게 재활용되기 때문이다.

플라스틱의 재활용은 기계적 재활용 방법과 화학적 재활용 방법이 있다. 기계적 재활용은 플라스틱을 분쇄한 후에 다시 플라스틱 제품의 재료로 사용하는 것이고, 화학적 재활용은 화학 과정을 통해 플라스틱을 본래의 기본 단위로 환원하는 방법이다. 페트나 HDPE 용기의 경우 대부분 기계적 재활용 과정을 통해 새로운 플라스틱 재료로 만들어진다.

가장 쉽게 재활용되는 페트를 예로 들어 재활용 과정을 좀 더 자세히 살펴보자. 우선 사람들이 버린 페트병은 다른 플라스틱과 함께 섞여서 재활용센터MRF, Materials Recovery Facility로 보내진다. 재활용센터에서는 플라스틱을 종류별, 색상별로 분류한 후에 재활용 플라스틱 생산업체로 보낸다. 이때 플라스틱 분류는 대부분 수작업으로 이뤄지는데 그렇다 보니 라벨을 분리하기 어려우면 그냥 소각하거나 땅에 매립한다. 그래서 최근에는 음료 용기 라벨이 쉽게 분리되도록 절취선 방식의 라벨이 많이 사용되고 있다. 절취선 방식은 라벨 분리가 쉽고 환경에 해로운 화학성분 접착제가 사용되지 않는다는 점에서 친환경 라벨로 인식되고 있다. 하지만 소비자들이 라벨을 분리해서 배출하지 않으면 이 역시 재활용업체가 라벨을 일일이 수작업으로 분리해야 하기 때문에 그냥 소각하거나 땅에 매립하는 경우가 많다. 친환경 라벨이라 하더라도 반드시 분리해서 버려야 페트병의 재활용이 가능한 것이다.

사용된 플라스틱이 어떤 종류인지 구분하기 어려운 경우에도 플라스틱 용기와 포장재는 소각되거나 매립된다. 대표적인 예가 아이스커피용 플라스틱 컵이다. 아이스커피용으로 사용하는 플라스틱 컵은 페트, PP, PS 등 여러 가지 플라스틱으로 만드는데, 외관상으로는 그 차이를 구분하기 어려워 재활용업체에서는 이 컵을 대부분 폐기한다. 환경 단체에 따르면 한국에서 한 해에 사용되는 플라스틱 컵이 30억 개에 달하는데 그중 재활용되는 것은 5% 정도에 불과하다고 한다.[2] 1년에 28억 5천만 개의 플라스틱 컵이 소각되거나 땅에 매립되고 있는 것이다.

재활용 플라스틱 생산업체로 보내진 페트병은 남겨진 불순물을 제거하고 깨끗이 세척한다. 그런 다음 작은 조각으로 분쇄하는데 분쇄된 페트 조각을 페트 플레이크Flake라고 부른다. 페트 플레이크는 그대로 판매하기도 하고, 추가로 녹이는 과정을 거쳐 작은 알갱이인 펠릿Pellet으로 만들어 판매하기도 한다. 세제나 식품 용기로 많이 사용되는 HDPE도 이와 동일한 분쇄 과정을 통해 새로운 플라스틱 재료로 다시 탄생한다. 비닐봉지 소재인 LDPE나 열에 강한 플라스틱인 PP의 경우, 분쇄보다는 녹여서 재활용하기 때문에 실제로

사진: 김병규

테이크아웃용 컵은 내부에 플라스틱 코팅이 처리되어 있어 재활용되지 않는다. 특히 아이스커피용 플라스틱 컵은 제조사마다 다른 종류의 플라스틱을 사용해 재활용업체에서 육안으로 이를 분류하기 어렵다. 이런 경우 대부분 소각하거나 땅에 매립한다.

재활용되는 비율은 낮다.

버려진 플라스틱은 얼마나 재활용되나?

플라스틱 용기와 포장재가 깨끗한 상태로 수거되고 종류별로 완전히 분류된다면 재활용 과정을 통해 새로운 제품으로 만들어질 수 있다. 그런데 현실은 그렇지 않다. 전 세계를 기준으로 버려진 플라스틱 용기와 포장재가 수거되는 비율은 68%지만 이는 소각되거나 땅에 매립되는 플라스틱을 모두 포함한 비율이다. 앨런 맥아더 재단 보고서에 따르면 68% 중 14%는 소각되고, 40%는 땅에 매립된다.3 즉, 소각과 매립을 제외한 14%의 플라스틱 폐기물만이 실제 재활용 과정에 들어간다. 하지만 이 중 4% 정도는 재활용 과정에서 상실되기 때문에 전체 플라스틱 용기와 포장재 가운데 실제 재활용되는 비율은 10%밖에 되지 않는다. 생산된 플라스틱 용기와 포장재 가운데 실제로 재활용되는 비율은 10분의 1에 불과한 것이다. 재활용되지 못하고 소각되거나 땅에 매립된 플라스틱에서는 미세 플라스틱이 발생하는데, 이 미세 플라스틱이 빗물을 타고 강과 바다로 흘러 들어가 해양 환경을 오염시키는 주범이 된다. 물론 소각되는 플라스틱 폐기물의 일부는 신재생 에너지의 원료로 사용되기도 하지만, 신재생 에너지 시설의 처리 규모와 수익성 등의 문제로 신재생 에너지로 사용되는 플라스틱 폐기물의 양은 사실 그리 많지 않다.

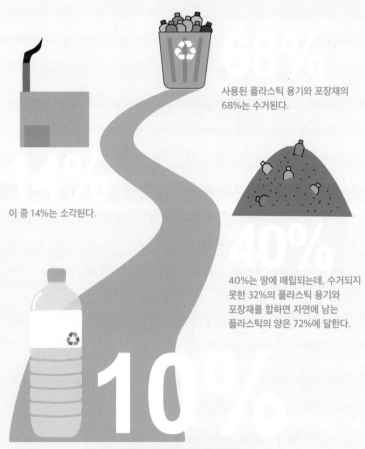

사용된 플라스틱 용기와 포장재의
68%는 수거된다.

이 중 14%는 소각된다.

40%는 땅에 매립되는데, 수거되지
못한 32%의 플라스틱 용기와
포장재를 합하면 자연에 남는
플라스틱의 양은 72%에 달한다.

나머지 14%만이 재활용에 활용되지만,
그마저도 4%는 재활용 과정에서 상실되기 때문에
실제 재활용되는 플라스틱 용기와 포장재는 10%에 불과하다.

사람들은 자신들이 분리배출한 플라스틱 용기와 포장재가 모두 재활용될 것이라고 생
각하지만 실제 재활용되는 것은 10%에 불과하다.

그래픽: 김병규

그렇다면 한국은 어떨까? 많은 사람들은 한국의 재활용률이 높다고 생각한다. 자신이 분리배출에 적극 참여하고 있고 정부에서 발표하는 자료에도 재활용률이 높다고 나와 있기 때문이다. 2019년 정부에서 발표한 전국 폐기물 발생 및 처리 현황 자료를 보면 가정에서 배출된 생활폐기물 가운데 62%가 재활용된 것으로 나온다. 전세계 평균인 10%와 비교하면 엄청나게 높은 비율이다. 그런데 이 숫자는 실제로 재활용된 비율을 의미하지 않는다. 한국의 재활용 관련 통계는 재활용 선별업체로 보내지는 순간 재활용된 것으로 간주한다. 분리수거된 폐기물이 실질적으로 얼마나 재활용되는지에 대한 정확한 파악조차 되고 있지 않은 것이 한국 재활용 시스템의 현실이다. 그린피스 등이 추정하기로는 재활용업체가 수거한 폐기물 가운데 재활용되는 평균 비율은 30% 정도라고 한다.**4** 이를 기준으로 추측해보면 한국의 플라스틱 실질 재활용률은 기껏해야 18% 정도로 추정된다.

다양한 시도,
그리고 한계

최근 플라스틱 문제에 관심을 가지는 사람들이 많이 증가하면서 플라스틱 문제를 해결하기 위한 다양한 아이디어가 제시되고 있다. 현재까지 나온 해결책을 크게 분류하면 플라스틱 사용 감소^{Reduce}, 대체 소재 사용^{Replace}, 재사용 시스템 구축^{Reuse}으로 나눌 수 있다. 이 세 가지 유형 모두 플라스틱 문제 해결에 도움이 되지만 여전히 현실적인 한계점이 존재한다.

#플라스틱제로 실천하기

플라스틱 문제를 해결하는 가장 좋은 방법은 플라스틱을 사용하지

220kg

모든 물을 500밀리리터 생수로 마신다고
가정하면 한 사람이 1년 동안 만들어내는
플라스틱 생수병만 해도 220킬로그램에 달한다.

않는 것이다. 특히 일회용이나 단기적으로 사용되는 플라스틱의 사용을 줄일 필요가 있다. 사람들이 흔하게 사용하는 일회용 생수병을 생각해보자. 성인 한 사람이 하루에 필요한 물의 양은 2리터 정도다. 모든 물을 일회용 생수병에 담긴 500밀리리터 생수 제품으로 섭취한다고 가정하면, 한 사람에게서 발생하는 플라스틱 폐기물은 1년에 1,460개, 무게로는 220킬로그램(용기의 무게를 15그램으로 가정)에 달한다.

과거 한국은 미국에 비해 일회용 생수병의 사용이 많지 않았다. 하지만 2000년대 들어 일회용 생수 소비가 급격하게 증가하고 있다. 글로벌 리서치 회사 유로모니터Euromonitor 보고서에 따르면 2018년 한국의 생수 시장은 1조 3천억 원 규모로 2015년 이후 매년 두 자릿수 성장세를 보이고 있다.[5] 2014년 6천억 원 규모의 시장이 4년 만에 두 배로 성장한 것이다. 이런 추세가 지속되면 2022년에는

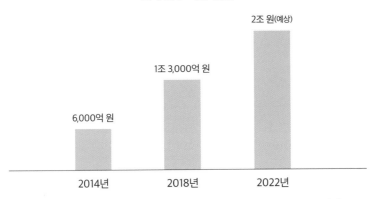

한국 생수 시장 현황

2조 원(예상)

1조 3,000억 원

6,000억 원

2014년   2018년   2022년

한국 생수 시장은 2014년 이후부터 4년마다 약 두 배씩 성장하고 있다. 2022년에는 2조 원이 예상된다.

그래픽: 김병규

생수 시장의 규모가 2조 원을 넘게 된다.

    한국의 생수 시장이 급성장하자마자 기업들은 앞다투어 생수 시장에 진출했다. 온라인 플랫폼인 쿠팡은 자체 브랜드인 '탐사'를 출시했고, 이마트도 '노브랜드' 생수를 파는 등 유통업체에서도 PB 브랜드 생수를 만들어 판매할 정도다. 한국의 생수 시장은 2021년 2월 기준으로 이미 300개가 넘는 브랜드가 경쟁하고 있으며 그 수는 계속 늘어나고 있다. 또한 온라인 플랫폼들이 '빠른 배송'을 하기 시작하면서 사람들은 마트에 직접 가서 무거운 생수병을 구입해 들고 올 필요 없이 집에서 편하게 생수를 구입할 수 있게 되었다. 이렇게 생수 시장의 경쟁이 심화되면 생수 제품의 시장 가격은 낮아지고, 생수의 판매량은 더 증가하게 된다. 생수 가격이 낮아지고 배송이 빠르고 편리해짐에 따라 배출되는 일회용 플라스틱 용기도 증가할 수밖에 없게 된 것이다. 더구나 일회용 플라스틱의 사용은 사람들의 라이프 스타일, 물리적 노력, 경제적 비용 등과 관련된 복잡한 문제이기 때문에 생수병과 같은 일회용 플라스틱의 사용을 줄이자고 말할 수는 있지만, 실제로 사람들의 행동 변화를 끌어내기는 쉽지 않다.

그렇다면 일회용 생수병의 사용을 줄이기 위해서는 어떻게 해야 할까? 우선 사람들이 수돗물을 안심하고 마실 수 있을 정도로 철저한 수질 관리가 이뤄져야 한다. 원수 관리가 철저한 북유럽의 경우 수돗물을 바로 마시는 비율이 90%나 된다.6 하지만 한국은 여전히 수돗물 이슈가 지속적으로 발생하는 등 수돗물에 대한 사람들의 인식이 좋지 않다. 한국의 수돗물 음용률이 10%인 것만 봐도 이를 알 수 있다. 그러므로 수돗물에 대한 신뢰를 형성하기 위해서는 많은 시간과 노력이 필요하다.

두 번째 대안으로 가정용 정수기를 고려할 수 있다. 한국 정수기 시장은 렌털식 판매가 일반적이라 매달 내야 하는 비용이 많지 않아 정수기 가격이 크게 비싸다고 느끼지 못할 수도 있다. 하지만 계약 기간 동안 소비자가 지불해야 하는 총금액은 사실 수십만 원에서 수백만 원에 달한다. 경제적인 측면만 고려하면 쿠팡이나 SSG.COM과 같은 온라인 플랫폼에서 생수를 구입하는 것이 더 나은 선택일 수 있다. 또한 정수기에 사용되는 플라스틱 필터가 제대로 재활용되지 않고 폐기 처리되고 있다는 점도 문제다.

가장 일반적인 세 번째 방법은 텀블러 사용이다. 사람들이 가

'텀블러 캠페인'은 정부뿐만 아니라 각 지자체, 기업, 심지어 작은 커피숍에서도 쉽게 볼 수 있다.

정에서 수돗물이나 정수기 물을 마신다고 하더라도 일회용 생수병 사용이 유의미하게 줄어들기 위해서는 외출할 때 다회용 용기에 물을 담아서 들고 다녀야 한다. 하지만 하루 동안 마실 물을 들고 다니는 일은 많은 불편함을 가져온다. 빈 물병을 가지고 다니면서 급수 시설을 이용할 수는 있지만, 공공 급수 시설을 찾는 일 또한 쉬운 일은 아니다. 설령 찾게 되더라도 위생 상태에 대한 염려 때문에 급수 시설 이용을 꺼리게 된다. 이와 비교하면 일회용 생수는 편의점에서 언제든지 저렴한 가격에 구입할 수 있어 사람들이 더 선호할수밖에 없다.

대체재를 찾아라

일회용 생수병만큼이나 음식 포장재로 사용되는 플라스틱도 최근 큰 문제다. 1인 가구와 맞벌이 세대가 점점 증가하면서 간편식 매출이 빠르게 증가하고 있다. 간편식에 사용되는 플라스틱 용기와 포장재는 식재료와 음식의 신선도를 유지하는 중요한 역할을 할 뿐만 아니라 무게도 가벼워서 판매업체의 운송비를 줄여 최종적으로는 제품 가격을 낮추는 역할을 한다. 이런 장점들 때문에 간편식 제품에서는 플라스틱 용기와 포장재가 계속 사용될 수밖에 없다. 사람들이 이틀에 한 번꼴로 간편식을 섭취한다고 하면, 한 사람이 간편식 섭취를 통해 발생시키는 플라스틱 폐기물이 1년에 54.75킬로그램(간편식 용기의 무게를 30그램으로 가정)이나 된다.

그렇다고 해서 요리할 시간이 없어 간편식을 주문해 먹는 바쁜 사람들이나 경제적 이유로 식당에 가지 못하고 편의점에서 간편식을 사 먹는 사람들에게 간편식을 먹지 말라고 할 수는 없는 노릇이다. 간편식에 사용되는 플라스틱을 줄이기 위한 현실적인 방법은 사람들의 간편식 섭취를 줄이는 것이 아니라 간편식 생산업체가 포장재를 플라스틱이 아닌 다른 소재로 대체하는 것이다. 즉, 일회용 용기에 사용되는 플라스틱을 줄이기 어렵다면 대체 소재를 개발해서 사용하면 된다. 이런 목적으로 개발된 것이 바로 바이오 플라스틱Bio-based Plastic과 생분해성 플라스틱Bio-degradable Plastic이다.

바이오 플라스틱이란 화석 원료가 아닌 식물성 원료(옥수수, 사탕수수, 감자, 쌀 등)를 일정 부분 포함한 플라스틱을 말한다. 대표적으로 PLA Polylactic Acid®가 있다. 바이오 플라스틱은 식물성 원료 사용으로 화석 원료가 적게 포함되어 있어 탄소 배출량이 적다는 장점이 있지만, 그렇다고 해서 자연에서 분해되는 플라스틱을 의미하는 것은 아니다. 원료의 일부가 자연 원료라는 것뿐이지 대부분의 바이오 플라스틱의 분해 속도는 일반 플라스틱과 전혀 차이가 없다. 설령 땅에서 분해되더라도 땅과 물을 산성화시키기 때문에 일반 플라스틱보다 환경에 더 좋지 않은 영향을 끼친다는 지적도 있다.7

이와 달리 생분해성 플라스틱은 분해 가능한 플라스틱이다.

● 옥수수 전분에서 추출한 원료로 친환경 수지다. 환경호르몬이나 중금속과 같은 유해 물질이 검출되지 않아 안전하다.

하지만 생분해성 플라스틱도 자연에서 쉽게 분해되지는 않는다. 한 연구에서 생분해성 플라스틱으로 만든 비닐봉지를 땅에 매립하고, 물에 넣은 후 3년간 분해 정도를 살펴봤는데 전혀 분해되지 않았다.[8] 현재까지 만들어진 대부분의 생분해성 플라스틱은 특정 온도와 습도를 제공해주는 특수 시설에서만 분해가 가능하다. 이 플라스틱 분해 시설은 60도 이상의 온도에서 생분해성 플라스틱을 분해한다. 그런데 땅이나 바다가 60도 이상의 온도를 만드는 경우는 거의 없기 때문에 생분해성 플라스틱도 오랜 시간 분해되지 않고 자연에 남아 있게 된다. 결국 환경에 미치는 영향에 있어서는 생분해성 플라스틱도 일반 플라스틱과 비교해 큰 차이가 없다.

또한 현재 기술 수준으로 만들 수 있는 생분해성 플라스틱 제품은 강도가 약하고 제조 원가는 비싸 상품성이 없다. 심지어 재활용 과정에서 생분해성 플라스틱이 일반 플라스틱과 함께 섞여 들어가면 재활용 플라스틱의 품질을 오히려 더 떨어뜨린다는 치명적인 단점이 있다. 만약 생분해성 플라스틱이 일회용 용기로 많이 사용되면 수거 및 분류 과정에서 일반 플라스틱과 제대로 분류되지 않아 재활용 플라스틱의 가치를 떨어뜨리게 될 것이다.

이러한 이유로 현재까지 개발된 바이오 플라스틱이나 생분해성 플라스틱은 플라스틱 문제에 대한 해결책이 되지 못한다. **유엔 환경계획의 과학자들도 바이오 플라스틱이나 생분해성 플라스틱은 해결책이 되지 못한다고 지적하고 있다.**[9]

2018년에는 아예 먹을 수 있는 플라스틱 용기가 등장했다. 친

롤리웨어의 컵은 해초로 만들어져서 사용 후 먹을 수 있다. 하지만 식감과 맛이 별로라는 평가가 많아 큰 반향을 일으키지는 못했다.

환경 소재 제품을 만드는 미국의 스타트업 롤리웨어Loliware는 해초로 만든 컵과 빨대를 선보였다. 해초를 주원료로 하고 과일과 채소 추출물로 맛을 낸 이 컵과 빨대는 음료를 마신 후 먹어서 없앨 수 있다. 그런데 실제로 이를 먹는 사람이 얼마나 될까? 현재까지 선보인 제품들은 식감도, 맛도 좋지 않다는 평가가 많다. 가격도 비싸다. 그나마 해초로 만들어서 땅속에 묻어두면 몇 달 안에 생분해되지만, 배출 과정에서 다른 플라스틱 제품들과 한데 섞여서 플라스틱 재활용 설비 안으로 섞여 들어갈 위험성이 있다. 사람들의 관심을 끄는 이벤트성 제품으로는 적합하지만, 플라스틱 문제에 실질적으로 기여할 수 있는 해결책이 되기는 어렵다.

아예 다른 대체재로 유리를 생각해 볼 수 있다. 유리는 100% 재활용이 가능한 소재로 세척만 해도 10회 정도는 재사용이 가능하고, 유리 조각으로 분쇄한 후에 새로운 용기를 만들 수도 있다. 유리가 제작되는 과정에서 플라스틱보다 많은 탄소를 배출하고, 운송 과정에서도 에너지 사용 및 탄소 배출이 많다는 문제점이 있기는 하지만 유리의 수거율과 재활용률 등을 종합적으로 고려했을 때 플라스틱보다는 친환경적인 소재로 평가받는다. 문제는 기업의 비용을 크게 높인다는 것이다. 한 번에 운송할 수 있는 수량도 플라스틱 용기보다 적고, 운반 및 보관 과정에서 파손될 확률이 높아 음료 회사 입장에서는 유리 용기 사용을 꺼릴 수밖에 없다. 또한 유리 용기가 적용 가능한 제품이 음료나 화장품 등 일부 제품에 한정되어 있어서 유리가 일회용 플라스틱 문제의 주요한 해결책이 되기는 어려

운 것이 현실이다. 플라스틱을 완전히 대체할 만한 친환경적이면서
도 경제적인 소재를 찾는 일은 매우 어려운 문제다.

재사용을 생활화합시다

플라스틱 폐기물의 배출을 줄이는 또 다른 방법은 플라스틱
용기의 재사용이 가능해지도록 시스템을 만드는 것이다. 여기서 말
하는 '재사용'은 재활용 과정 없이 동일한 용기를 반복적으로 사용
하는 것을 뜻한다. 즉, 소비자들이 가지고 있는 용기에 내용물만 리
필해서 사용하도록 하는 것이다. 이는 버진 플라스틱 사용량을 실제
로 줄일 수 있다는 점에서 플라스틱 문제에 대한 이상적인 해결책
가운데 하나다.

칠레의 스타트업 알그라모Algramö가 재사용 시스템의 좋은 예
다. 알그라모는 칠레 산티아고 지역의 슈퍼마켓에 식료품이나 생활
용품 자판기를 보급하고 있다. 소득이 낮은 사람들은 제조사에서 만
들어서 일방적으로 판매하는 대용량 제품이 양이나 가격 면에서 부
담스러운 경우가 많은데, 알그라모는 소비자가 원하는 만큼만 용기
에 담아갈 수 있는 판매 방식을 제안하고 있다. 용기는 재사용되므
로 플라스틱 폐기물도 나오지 않는다. '알그라모'라는 회사 이름도
'그램 단위로'라는 의미다. 최근에는 소비자가 거주하는 지역에 직
접 리필 트럭을 보내주는 서비스도 하고 있다. 소비자들은 이 트럭
에 가서 쌀, 사료, 세제, 비누 등을 알그라모가 제공하는 리필 용기

알그라모는 소비자들이 재사용 용기에 세제나 사료, 곡물 등을 리필해서 제품을 구매하는 시스템이다.

에 원하는 만큼만 구입한다. 용기에는 칩이 부착되어 있어서 소비자가 지금까지 구입한 총량을 알 수 있고, 소비자들은 구입량에 따라 할인 혜택을 받는다.

이런 재사용 시스템은 하나의 용기를 반복적으로 사용한다는 점에서 플라스틱 문제에 대한 좋은 해결책이다. 다만 당장 한국에 적용하기는 쉽지 않다. 소비자들이 재사용 용기를 직접 들고 나가서 리필을 한다는 것은 많은 물리적·시간적 노력을 요하는 일이다. 또한 디자인이 멋진 텀블러에 커피를 담아 들고 다니는 것과 달리 재사용 용기에 쌀이나 세제, 비누를 담아가는 것은 다른 사람들에게 그다지 멋진 모습으로 비치지 않는다고 여길 수도 있다. 이런 시스템이 정착되기 위해서는 재사용의 금전적 혜택이 물리적·시간적 노력뿐만 아니라 사회적 이미지에서의 비용도 상쇄할 만큼 커야 한다. 지구와 환경을 구하기 위해 바로 내일부터 쌀이나 세제를 각자의 용기에 담아가는 방식으로 구입하자고 했을 때 과연 얼마나 많은 사람들이 참여하겠는가? 소액이라도 혜택에 민감한 소비자들이나 환경 문제에 관심 있는 일부 소비자들이라면 이를 받아들이고 참여할 수 있겠지만, 대중적으로 정착되기에는 한계가 있다.

실제 알그라모 트럭도 저소득층 소비자들을 대상으로 고안된 서비스다. 알그라모의 창업자인 호세 마누엘 몰러^{Jose Manuel Moller}는 저소득층 소비자들이 부유한 사람들보다 식품이나 생활용품을 더 비싸게 구입하고 있다는 것에 주목했다. 저소득층 소비자들은 돈의 여유가 없기 때문에 대용량 패키지에 담긴 제품을 사기보다는 그때그때 소용량 패키지 제품을 구매한다. 그런데 단위당 제품 가격은 소용량일수록 비싸지므로 저소득층 소비자들은 동일한 제품을 사실 더 비싸게 구입하고 있는 것이다. 몰러는 이런 문제를 해결하기 위해 알그라모 서비스를 만들었다.

화장품 용기에 대한 재사용 아이디어도 있다. 프랑스의 코지^{CoZie}는 보습 로션이나 크림 등을 판매하는 화장품 브랜드다. 이 브랜드의 특징은 제품을 재사용 용기에 담아서 판매한다는 점이다. 처음 제품을 구매할 때만 용기 값을 지불하고 (사용한 용기를 가져올 경우) 두 번째 구매부터는 용기 값을 제해주는 방식이다. 코지 매장에는 화장품 디스펜서^{Dispensor}가 설치되어 있어서 재사용 용기에 정확

코지는 매장 내 디스펜서를 통해 재사용 용기에 화장품을 담아 소비자에게 판매한다.

한 용량의 화장품을 채워준다.

코지의 재사용 시스템도 플라스틱 사용량 감소를 위한 좋은 아이디어임에는 분명하다. 화장품 회사들은 플라스틱 폐기물 배출에 많은 책임이 있기 때문에 보다 많은 화장품 회사들이 이런 리필 시스템을 도입할 필요가 있다. 물론 현실적으로 넘어야 할 문제도 많다. 우선 법적으로 화장품 제조사 자격증 없이 매장에서 리필 시스템을 운영하는 것은 불가능하다. 또한 화장품은 액체형 제품이라 재사용 과정에서 용기가 오염될 위험이 있다. 소비자들이 재사용 용기를 가지고 직접 매장에 가야 한다는 불편함도 존재한다. 특히 화장품 소비는 감성적 요소가 중요한 역할을 하는데, 이 부분에서 재사용은 한계를 지닌다. 브랜드 이미지나 용기의 디자인이 상품의 매력에 큰 영향을 미치는 화장품 같은 제품들은 재사용 용기를 사용하는 것이 자칫 제품 자체의 매력을 낮출 수도 있다. 리필 시스템은 플라스틱 사용 감소를 위한 바람직한 해결책이지만 당장은 대중성을 가지기 어려운 것이 사실이다.

카페에서 사용하는 테이크아웃용 컵의 재사용 시스템을 제공하는 스타트업들도 있다. 영국의 컵클럽^{CupClub}이나 미국 샌프란시스코, 싱가폴, 홍콩 등에서 운영되는 뮤즈^{Muuse}가 대표적이다. 이들 스타트업의 핵심 아이디어는 사람들이 사용한 테이크아웃용 컵을 음료를 구입한 카페뿐만 아니라 다른 카페나 지정수거함에 반납할 수 있도록 하는 것이다. 사람들의 반납률을 높이기 위해서 재사용 컵에 보증금을 부과하거나 사용한 컵을 추적하기 위해 컵에 RFID^{Radio Frequency Identification}칩을 넣기도 한다. 하지만 자신이 사용한 컵을 특정 카페나 장소에 반납해야 한다는 불편함은 여전히 존재한다. 처음 사용할 때 이용자가 내야 하는 보증금도 이용률 확산의 장애물이다. 또한 RFID 칩이 내장된 컵이 다른 플라스틱 컵과 구분 없이 섞여서 재활용업체로 넘어갈 위험성도 존재한다.

이들 스타트업이 제시하는 재사용 시스템이 잘 정착된다면 일회용 플라스틱 사용량 감소에 크게 기여하겠지만, 앞서 언급했듯이 이런 시스템이 확산되고 정착되기 위해서는 아직 해결해야 할 과제가 산적해 있다. 현재 운영되고 있는 재사용 시스템도 대부분

● 무선 주파수를 이용해 대상을 식별하는 인식시스템이다. 바코드와 유사하지만, 바코드처럼 직접 접촉하거나 조준선을 사용하지 않고도 데이터를 인식할 수 있다.

컵클럽은 한 카페에서 받은 테이크아웃 컵을 다른 카페나 수거함에 넣을 수 있는 컵 재사용 시스템을 제공한다.

정식 운영이 아닌 파일럿 프로그램이거나 맥도날드나 스타벅스와 같이 플라스틱 문제와 관련해서 많은 비판을 받고 있는 대기업의 후원금으로 운영되고 있는 경우가 많다.

 결국 재사용 시스템이 정착되기 위해서는 소비자가 매장으로 재사용 용기를 가져오는 불편함을 줄여야 한다. 미국의 재활용 기업인 테라사이클Terracycle이 선보인 '순환'이라는 뜻을 지닌 '루프Loop'라는 이름의 서비스가 바로 그것이다. P&G, 네슬레, 펩시코, 유니레버 등 20여 개가 넘는 대표적인 소비재 기업과 파트너를 맺은 루프는 오랜 기간 재사용이 가능한 소재(알루미늄이나 고밀도 플라스틱)를 이용해 용기를 만든다. 소비자가 루프에서 상품을 주문하면, 루프는 재사용 용기에 제품을 담아 재사용이 가능한 루프 가방에 상품을 넣

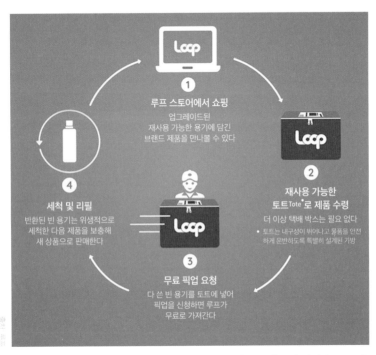

1
루프 스토어에서 쇼핑
업그레이드된
재사용 가능한 용기에 담긴
브랜드 제품을 만나볼 수 있다

2
**재사용 가능한
토트Tote*로 제품 수령**
더 이상 택배 박스는 필요 없다
• 토트는 내구성이 뛰어나고 물품을 안전
하게 운반하도록 특별히 설계된 가방

3
무료 픽업 요청
다 쓴 빈 용기를 토트에 넣어
픽업을 신청하면 루프가
무료로 가져간다

4
세척 및 리필
반환된 빈 용기는 위생적으로
세척한 다음 제품을 보충해
새 상품으로 판매한다

순환을 핵심으로 하는 루프의 재사용 시스템은 플라스틱을 줄이는 데 실질적으로 도움
이 된다.

루프에서 판매하고 있는 모든 제품은 재사용이 가능한 알루미늄 용기를 사용한다. 소비자가 루프에서 구매하면 제품 배송과 수거 모두 루프에서 해결해준다.

어서 보내준다. 소비자는 사용한 빈 용기를 다시 루프 가방에 넣어서 돌려보내면 된다. 그러면 루프는 이 빈 용기를 세척하고 내용물을 다시 채워 새로운 상품으로 판매한다.

　루프의 재사용 시스템은 일회용 플라스틱을 사용하지 않으면서 배송에서 발생하는 포장재 발생도 줄인다는 점에서 획기적인 시스템이다. 그러나 문제는 역시 낮은 참여율이다. 현재 P&G, 유니레버, 네슬레 등의 브랜드가 루프 시스템에 참여하고 있지만, 루프에서 판매하는 제품의 종류는 많지 않다. 가격도 일반 슈퍼마켓보다 비싸며, 첫 구매 때 용기에 대한 보증금을 내야 한다. 보증금으로 5천 원에서 1만 원 정도의 추가 비용을 내야 하는데, 첫 구매 제품마다 지불해야 하는 비용이라 루프에서 제품을 구입하는 소비자들에게 발생하는 초기 비용이 매우 크다.

　루프와 같은 재사용 시스템이 정착되기 위해서는 상품 종류를 늘리고 가격을 낮춰서 일반적인 전자상거래업체 수준의 경쟁력을 갖춰야 한다. 그렇지 않으면 환경 문제에 관심을 가진 일부 고소득층으로만 이용자가 한정될 가능성이 높다. 현재 온라인 소매 시장의 극심한 경쟁 상황으로 볼 때 재활용 시스템을 핵심으로 하는 신생 업체가 기존 온라인 플랫폼 수준의 상품 다양성과 가격 경쟁력을 갖추는 것은 거의 불가능해 보인다. 특히 제품 구입 시 위생과 안전을 최우선으로 생각하는 소비자들이 많은 한국에서는 이런 재사용 시스템을 당장 적극적으로 사용할 것이라고 기대하기는 어렵다.

환경 문제에서
플라스틱이 유독 주목받는 이유

플라스틱으로 인한 환경 문제를 해결하기 위해 다양한 해결
책이 제시되고 있지만, 플라스틱 문제를 실질적으로 해결하
는 것은 생각보다 어렵다. 해결이 쉽다면 지금과 같은 문제가 발생
하지도 않았을 것이다. 플라스틱 문제에 관심을 가지고 해결 방법에
관해 한 번이라도 고민해본 사람이라면 하나같이 답답함을 느낀다.
모든 해결책이 언뜻 듣기에는 플라스틱 문제를 금방이라도 해결해
줄 수 있을 것처럼 이상적으로 들리지만, 현실에서 작동하기에는
많은 제약이 존재하기 때문이다. 플라스틱 문제가 과연 해결 가능한
것인지 회의가 들기도 한다.

하지만 플라스틱 문제는 이렇게 해결이 어렵기 때문에 앞으

로 더욱더 중요한 사회적 이슈로 발전할 것으로 보인다. 언론에서는 플라스틱 문제를 지금보다 더 자주 다룰 것이고 정부는 더욱 강력한 규제책을 마련할 것이다. 그렇게 되면 플라스틱 문제에 대한 사람들의 관심이 높아지게 되고 플라스틱 문제 해결에 참여하려는 사람들도 많아지게 될 것이다. 더 나아가 플라스틱 문제는 소비자들이 기업과 브랜드를 평가하는 가장 중요한 기준이 될 것이다.

왜 플라스틱인가?

사실 플라스틱 문제 외에도 중요한 환경 문제들은 수없이 많다. 온실가스 배출 문제, 천연자원 고갈 문제, 물 부족 문제, 농업에 사용되는 화학성분 문제, 산성비 문제, 동물 멸종 문제 등 우리가 해결해야 할 환경 문제는 한두 가지가 아니다. 그런데 왜 유독 플라스틱 문제에 관심을 갖는 사람들이 많은 것일까?

플라스틱 문제는 우리 주변에서 발생한다. 물 부족이나 오존층 파괴와 같은 환경 문제들은 아무리 심각하더라도 사람들에게 심리적으로 잘 와닿지 않는다. TV에서 물이 부족해 어려움을 겪는 다른 나라의 모습을 봐도 사람들은 일단 자신의 집에 물이 잘 나오면 물 부족의 심각성을 느끼기 어렵다. 지구 온난화로 빙하가 녹아 북극의 면적이 감소하고 북극에 사는 동물들이 위험에 처해도 자신과는 관계없는 일처럼 멀게만 느껴진다. 하지만 플라스틱은 다르다. 길가에 버려져 있는 음료 컵이나 플라스틱 용기를 심심치 않게 볼 수 있고,

여행지의 산과 바다에 쌓여 있는 플라스틱 폐기물 더미를 보는 일도 많다. 우리가 버린 플라스틱을 먹고 죽은 동물들의 사진을 보게 되기도 한다. 다른 환경 문제와 다르게 플라스틱은 우리가 살고 있는 곳곳에서 심각하게 발생하고 있다. 그렇기 때문에 다른 문제들보다 더 피부에 와닿고 중요하게 여겨질 수밖에 없다.

플라스틱 문제가 큰 사회적 관심을 받는 또 다른 이유는 그 피해가 생생하게 묘사되기 때문이다. 사람들은 추상적인 정보보다 생생한 이미지에 정서적으로 강하게 반응한다. 가령, 아프리카 지역의 기아 문제를 위한 기부금을 모집할 때 기아 문제가 얼마나 심각한지에 대한 수치 정보를 제공하는 것보다 밥을 제대로 먹지 못해서 영양 상태가 좋지 못한 아이의 모습을 보여주는 것이 더 효과적이다. 시각적으로 보이는 아이의 처참한 모습이 사람들로 하여금 강한 정서적 반응을 일으키게 만든다. 그래서 최근 언론에서는 플라스틱 문제를 직접적으로 보여주는 사진이나 영상들이 많이 등장한다. 죽은 새나 물고기의 배 속에 갖가지 플라스틱이 가득 찬 모습이나 플라스틱 쓰레기 더미 옆에서 살아가는 아이들 등 사태의 심각성을 보여주는 생생한 이미지들은 그 어떤 방법보다 플라스틱 문제에 경각심을 갖게 한다.

전 세계적으로 플라스틱 문제에 대해 많은 사람들의 경각심을 불러일으키는 데에 큰 역할을 한 것은 2016년에 제작된 〈플라스틱 차이나Plastic China〉라는 다큐멘터리 영화다. 이 다큐멘터리는 미국과 일본 등지에서 수입한 재활용 플라스틱을 분류하면서 살아가

〈플라스틱 차이나〉는 중국의 왕 지우 리앙Wang Jiu-Liang 감독이 2016년에 제작한 독립 다큐멘터리 영화다. 2017년 선댄스 영화제에 소개되었고, 암스테르담 국제 다큐멘터리 영화제에서 심사위원 특별상을 받았다. 전 세계 사람들에게 플라스틱 문제의 심각성을 일깨우는 데 크게 기여한 것으로 평가받는다.

는 중국인 두 가족의 모습을 담고 있다. 두 가족의 아이들이 쓰레기 더미에서 장난감을 찾으며 생활하는 모습은 전 세계 사람들에게 큰 충격을 주었다. 2017년 중국의 플라스틱 폐기물 반입 금지 조치가 이 다큐멘터리와 관련 있다는 분석도 있다.

이에 비해 다른 환경 문제들은 그 피해가 생생하게 묘사되지 않는다. 북극에서 빙하가 녹는 모습이나 오존층의 크기를 나타내는 사진이나 영상들은 그로 인해 인간의 삶에 어떤 문제가 발생했는지, 인간에게 어떤 영향을 미쳤는지 쉽게 알 수 없다. 하지만 플라스틱은 다르다. 우리 주변 곳곳에서 발생하고 있고 그 피해가 적나라하게 시각적으로 보여진다. 이 때문에 여러 환경 문제 중에서도 플라스틱 문제가 유독 사람들의 관심을 끌 수밖에 없는 것이다.

MZ세대는 진실한 브랜드를 원한다

플라스틱 문제가 계기가 되어 최근 환경 문제에 관심을 가지는 소비자들이 전반적으로 증가하고 있다. 특히 MZ세대에게서 이런 경향이 두드러지게 나타난다. MZ세대는 밀레니얼 세대와 Z세대를 통칭하는 용어로 1980~2000년대 초반에 출생한 사람들을 말한다. 이들은 소비 빈도가 높고 온라인 공간에서 강한 구전 효과를 만들어내는 소비자로 많은 기업들이 주목하고 있는 소비집단이다. 이 소비집단의 중요한 특징은 기존의 그 어떤 소비자들보다 진실성에 대한 욕구가 강하다는 것이다.

시대를 막론하고 젊은 소비자들은 자신이 기성세대와는 다르다고 느끼고 싶어 한다. 이들은 기성세대와 다른 가치관을 가지고 기존과 다른 제품이나 브랜드를 소비함으로써 자신만의 정체성을 형성한다. 그러므로 기업은 젊은 소비자들이 기성세대와 자기 자신을 다르다고 생각하게 만드는 요인이 무엇인지를 이해하는 것이 중요하다. 그 요인이 바로 새로운 유행과 문화의 기반이 된다.

지금의 MZ세대에게는 진실성이 무엇보다 중요한 요인으로 작용한다. 이들은 기업이 보다 진실하기를 원하고, 진실한 기업의 제품을 소비함으로써 자기 자신이 기성세대와는 다르다고 인식한다. 최근 미국의 많은 소비재 기업들이 BLM^{Black Lives Matter} 운동(흑인 인권 보호를 위한 사회 운동)을 적극적으로 지지하고 있는 이유도 이 때문이다. 나이키, 룰루레몬, 갭, 리바이스, H&M, 월마트, 타깃^{Target}

등 수많은 기업이 공식적으로 BLM 운동에 대해 지지를 표명하고 관련 단체에 기부하고 있다.[10] 이들 기업은 BLM 운동을 지지함으로써 일부 기성세대를 불편하게 만들 수도 있지만, 그 대신 많은 MZ세대에게 호감을 얻고 있다.

MZ세대의 소비자들은 진실한 브랜드를 원한다. 기업의 운영 방식과 마케팅이 윤리적이길 바라고, 사회 문제에 기업이 더 적극적으로 참여하길 바란다. 특히 환경 문제에 있어서 기업의 적극적인 역할을 기대한다. 이들은 환경 문제 해결에 적극적으로 나서는 브랜드를 응원하고, 이런 브랜드의 제품을 소비함으로써 자기 자신의 정체성을 드러내고자 한다. 반면 진실하지 않다고 여겨지는 브랜드는 아무리 제품의 품질이 좋고 가격이 저렴해도 등을 돌린다. 이런 움직임은 비단 해외에서만 일어나는 일은 아니다. 최근 국내에서 큰 이슈가 된 스팸 뚜껑 사례에서도 확인할 수 있듯이 한국에서도 환경 문제를 등한시하는 브랜드에 대한 MZ세대의 반감이 점차 증가하고 있다.

2020년 여름, 소비자 환경 단체 '쓰담쓰담'은 '스팸 뚜껑 반납 운동'을 벌였다. 해외에서 제조 및 판매하는 스팸 제품은 플라스틱 뚜껑이 없는데, 왜 국내 제품은 뚜껑을 사용하는지에 대한 문제 제기였다. 그러면서 그들은 국내 제품도 플라스틱 뚜껑이 필요 없다고 주장했다. 이는 MZ세대를 중심으로 퍼진 '제로웨이스트 챌린지'와 맞물려 큰 반향을 일으켰다. 결국 스팸업체는 이들의 의견을 적극 수용해 그해 추석, 스팸 선물세트에서 노란 플라스틱 뚜껑을 없

소비자 환경 단체 쓰담쓰담은 '빨대는 반납합니다', '빨대는 선택입니다' 캠페인에 이어 세 번째로 '스팸 뚜껑은 반납합니다' 운동을 벌였다.

앴다. 브랜드가 MZ세대에게 선택받기 위해서는 환경 문제 해결에 적극적으로 나서는 것이 필수가 되고 있음을 보여주는 사례다.

플라스틱 문제는 앞으로 더 중요한 사회적 이슈로 성장하게 될 것이다. 이미 언론에서는 환경을 오염시키는 특정 기업이나 브랜드에 대한 비판적인 기사를 싣고, 소비자들은 기업과 브랜드를 평가할 때 플라스틱 문제에 대한 기여도를 중요한 기준으로 고려하고 있다. 2019년 10월《포브스Forbes》는 코카콜라가 세계에서 플라스틱으로 인한 환경 오염을 가장 많이 일으키는 브랜드라고 보도했다.[11] 이 기사에 따르면 51개국 7만 2,541명의 자원봉사자가 해변이나 거리 등에서 플라스틱 폐기물을 수집했는데, 가장 많이 수집된 것이 코카콜라 용기였다고 한다. 2위는 네슬레, 3위는 펩시였다. 포브스 같이 전 세계적인 영향력을 가진 미디어가 이런 기사를 내는 것은 브랜드에 치명적이다. 기사를 본 소비자들은 당연히 코카콜라에 대해 비판적 태도를 가지게 될 것이고, 다른 제품을 구입할 때에도 브랜드의 환경 보호 노력을 중요하게 고려하게 될 것이다. 최근《하버드 비즈니스 리뷰Harvard Business Review》에서도 기업이 새로운 고객을 만들고 이들을 충성 고객으로 만들기 위해서는 플라스틱으로 인한 환경 문제를 해결하는 것이 중요하다고 강조했다.[12]

앞으로 플라스틱 문제는 모든 기업에 가장 중요한 위험 요소이자 기회가 될 것이다. **플라스틱 문제를 외면하는 기업은 언론과 소비자로부터 큰 비판을 받게 될 것이고, 플라스틱 문제 해결을 위해 적극적으로 노력하는 기업에는 많은 기회가 생길 것이다.** 하지만 그렇다고 해서

Coca-Cola Named The World's Most Polluting Brand in Plastic Waste Audit

Coke was named largest plastic polluter in the world.　PANARAMKA / ALEX_PO STOCK.ADOBE.COM

코카콜라는 세계적인 경제지 《포브스》가 뽑은 '플라스틱으로 환경 오염을 가장 많이 일으키는 브랜드' 1위에 뽑히는 불명예를 안았다.

플라스틱 문제를 마케팅 차원에서 다루려고 해서는 안 된다. 많은 기업들이 마케팅 차원에서 환경 문제를 바라보고 있는데, 플라스틱 문제에 대한 소비자들의 관심이 커질수록 소비자들은 환경 문제를 실질적으로 해결하려고 노력하는 기업과 그렇지 않은 기업을 더 분명하게 구분할 것이다. 마케팅 차원에서 플라스틱 문제에 다가서는 기업은 소비자들이 금세 알아차리고 외면할 것이다. 지금 기업에 필요한 것은 플라스틱 문제에 대해서 스스로 책임지려는 자세다. 기업은 환경에 대해 책임감을 가지고 순수하고 진실한 마음으로 환경 오염 문제 해결을 위해 적극적으로 노력해야 한다.

3부

순환적 플라스틱을 위한 다섯 가지 리사이클 원칙

플라스틱을
순환하라

최근 플라스틱 문제에 대한 해결책으로 주목받고 있는 것이 있다. 바로 순환경제^{Circular Economy}다. 순환경제란 자원이 폐기되지 않고 계속 순환되어 사용되는 시스템을 말한다. 즉, 사용된 제품이 버려지지 않고 재사용되어 새로운 상품을 만드는 데 이용됨으로써 새로운 자원의 사용과 폐기물 발생을 줄이는 것이다. 예를 들어 파타고니아^{Patagonia}나 아일린 피셔^{Eileen Fisher}와 같은 의류 회사는 자신들이 판매한 옷을 재매입한 후, 그 옷을 세척하고 수선해서 다시 판매하거나 옷을 해체해 새로운 의류를 만드는 데 사용한다.

이런 순환경제 개념은 플라스틱 문제에 좋은 가이드라인을 제시해준다. 대부분의 플라스틱 제품은 화석 연료로부터 만들어지고, 사용된 후 폐기된다. 즉, 자원이 '생산 → 사용 → 폐기'라는 일방향의 선형적인 흐름을 가진다. 이런 선형적 흐름은 천연자원을 고갈시키고, 생산 과정에서 많은 탄소를 배출시키며, 버려진 폐기물은 환경을 오염시키고 동식물에 피해를 준다. 하지만 사용한 플라스틱 제품을 폐기하지 않고, 재활용 과정을 통해 새로운 제품으로 재탄생시킨다면 플라스틱 폐기물로 인한 피해를 줄일 수 있다. 이것이 바로 '사용 → 수거 → 재활용 → 재사용'이라는 순환 시스템이다.

순환 시스템이 잘 작동하기 위해서는 사용한 플라스틱이 모두 수거되고, 수거한 플라스틱이 최대한 재활용되어 이전과 '동일한 수준'의 새로운 제품을 만드는 데 사용되어야 한다. 하지만 현실은 그렇지 못하다. 우선 많은 양의 플라스틱이 제대로 수거되지 못하고 있다. 자연에 방치되기도 하고 일반 쓰레기와 함께 버려지기도 한다. 소비자가 열심히 분리배출한 플라스틱도 종류의 구분이 어렵거나 내용물로 인해 오염된 경우에는 재활용되지 못한 채 땅에 매립되거나 소각된다. 여러 종류의 플라스틱이 혼합되어 사용된 제품이나 라벨이 분리되지 않는 용기도 재활용되지 않는다.

물론 재활용품 수집업체가 모든 플라스틱 폐기물을 일일이 분류하고 해체해서 세척한다면 플라스틱 폐기물의 재활용률을 높일 수 있다. 하지만 이는 어려운 일이다. 대부분의 재활용업체는 영세한 규모의 민간업체다. 2019년 환경부에서 발간한 '폐기물 재활용 실적 및 업체 현황' 보고서에 따르면 한국 재활용업체의 절반 이상이 종업원 수 5인 이하의 사업장이며, 10인 이하의 업체 비율이

선형적 플라스틱

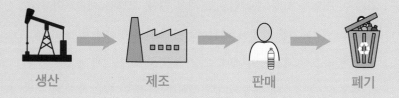

생산 → 제조 → 판매 → 폐기

순환적 플라스틱

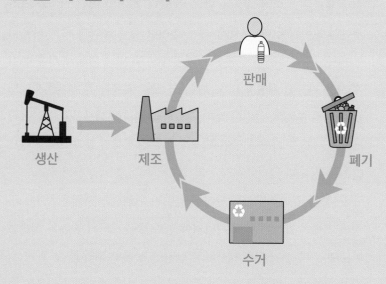

판매
폐기
수거
생산
제조

선형적 플라스틱Linear Plastic은 플라스틱이 화석 연료로부터 만들어지고, 사용된 후에 폐기된다(위). 순환적 플라스틱Circular Plastic은 플라스틱이 사용된 후에 폐기되지 않고 새로운 제품으로 재탄생함으로써 순환성을 가진다(아래).

그래픽: 김병규

73.7%에 달한다. 플라스틱 폐기물을 자동으로 분류하고 해체해서 세척해주는 최첨단 설비를 갖추기 어려운 영세한 규모의 재활용업체는 이 작업을 모두 수작업으로 해야 한다. 그래서 재활용이 어려운 플라스틱 폐기물은 땅에 매립하거나 소각할 수밖에 없다.

플라스틱 폐기물이 제대로 수거되더라도 이전과 동일한 수준의 제품을 만드는 데 사용되기 위해서는 이 또한 높은 수준의 재활용 기술이 필요하다. 재활용 플라스틱 생산 과정에서 플라스틱 폐기물의 냄새, 색깔, 화학물질 등을 완벽히 제거해야 폐기된 플라스틱으로 새로운 소비재 제품을 만들 수 있다. 하지만 이런 기술을 가진 생산업체는 많지 않다. 특히 세제 용기나 샴푸 용기에 주로 사용되는 PP를 새 플라스틱 수준으로 재활용할 수 있는 업체나 식품 용기에 사용 가능한 재활용 PP로 만들 수 있는 업체는 전 세계적으로도 얼마 되지 않는다. 그렇다 보니 페트병을 제외한 대부분의 플라스틱 폐기물은 건설 자재나 공업용 제품과 같은 저품질 플라스틱을 만드는 데 사용된다.

결국 플라스틱의 순환성을 높이기 위해서는 재활용 플라스틱 생산 기술의 발전이 함께 이뤄져야 한다. 플라스틱의 종류와 상관없이 플라스틱 폐기물을 깨끗하고 안전한 상태로 되돌릴 수 있는 기술적 발전이 이뤄져야 다양한 종류의 플라스틱 폐기물이 새로운 소비재 제품을 만드는 데 사용될 수 있다.

마지막으로 소비재 기업들이 재활용 플라스틱을 적극적으로 사용해야 한다. 아무리 많은 플라스틱 폐기물을 수거하고 재활용해도 소비재 기업이 이를 적극적으로 사용하지 않는다면 플라스틱은 순환하지 않는다. 최근 재활용 플라스틱을 사용하는 제품이 점차 증가하고 있는 추세지만 전체 소비재 시장에서 재활용 플라스틱과 새 플라스틱의 사용량을 비교하면 재활용 플라스틱 사용은 여전히 매우 미미한 수준이다. 과거에 비해 플라스틱 원자재의 가격이 계속 하락하고 있어서 기업 입장에서는 굳이 더 많은 돈을 내고 재활용 플라스틱을 사용할 이유가 없는 것이다. 다시 말해 새 플라스틱의 가격이 워낙 저렴하기 때문에 기업들이 재활용 플라스틱을 사용하려고 하지 않는다.

이처럼 버려진 플라스틱은 '수거 → 재활용 → 재사용'의 모든 단계에서 제대로 순환되고 있지 않다. 순환적 플라스틱이라는 개념은 이론적으로는 가능하지만, 실제로 작동하기에는 많은 장애물이 존재하는 것이다. 그런데 순환 시스템이 작동하지 않는 이유를 분석해보면 두 가지 근본적인 원인이 존재한다는 것을 알 수 있다. **바로 플라스틱 폐기물의 가치에 대한 인식과 고품질 재활용 플라스틱에 대한 시장 수요다.**

많은 사람들은 플라스틱 폐기물을 가치가 높은 자원이라고 인식하지 않으며, 그저 '쓰레기'라고 생각한다. 이러한 인식은 사람들로 하여금 자신이 사용한 플라스틱 용기나 포장재를 쉽게 버려도 무방하다고 여기게 만든다. 가치가 없기 때문에 일반 쓰레기와 함께 그냥 버리는 것이다. 그러니 기업의 수거 시스템 참여율이 낮을 수밖에 없다. 문제는 재활용 플라스틱을 사용해 만든 제품의 가치도

낮게 인식한다는 것이다. 심지어 재활용 플라스틱으로 만든 제품은 몸에 좋지 않다고 생각하기도 한다. 재활용 플라스틱에 대한 소비자의 인식이 이렇다 보니 기업들은 자신들의 제품에 재활용 플라스틱을 사용하는 것을 꺼리게 된다.

원자재 시장에서 재활용 플라스틱에 대한 수요가 많지 않다는 것도 중요한 문제다. 수요가 없으면 재활용품 수집업체들이 자신들이 수집한 폐기물을 적극적으로 활용할 필요가 없어진다. 그러니 재활용품 수집업체의 양적·질적 성장을 기대하기 어렵다. 고품질 재활용 플라스틱에 대한 수요가 없으니 품질이 좋은 재활용 플라스틱을 생산하려는 업체도 없고 생산업체가 없으니 기술적 발전도 잘 이뤄지지 않는 게 현실이다.

따라서 플라스틱을 순환하기 위해서는 플라스틱 폐기물의 가치에 대한 소비자의 인식을 전환하는 동시에 원자재 시장에서 고품질의 재활용 플라스틱에 대한 높은 수요를 만들어내야 한다. 여기에는 여러 가지 방법이 있겠지만, 이 책에서 기업에 제안하는 것은 간단하다. 상품성이 가장 뛰어난 제품에 재활용 플라스틱을 적극적으로 사용하는 것이다.

상품성이 뛰어나다는 것은 디자인, 품질, 성능, 가격 등 제품의 모든 면에서 소비자가 매력을 느끼는 것을 의미한다. 이런 제품에 재활용 플라스틱이 적극적으로 사용된다면 소비자들은 자연스럽게 플라스틱 폐기물과 재활용 플라스틱에 대한 인식을 바꾸게 될 것이다. 이러한 인식 전환은 소비자들을 플라스틱 폐기물 수거 과정에 더 적극적으로 참여하게 만들어 플라스틱 폐기물의 수거율을 높이고, 상품성이 뛰어난 제품은 실제 판매도 잘 되기 때문에 고품질의 재활용 플라스틱에 대한 높은 수요를 만들어냄으로써 재활용 단계에서의 순환성도 높아지게 된다. 재활용업체들도 플라스틱 폐기물을 매립 및 소각하기보다는 최대한 재활용하기 위해 노력할 것이고, 고품질의 재활용 플라스틱을 생산하려는 업체가 증가하면 기술적 발전도 이뤄질 것이다.

물론 소비재 제품의 경우 인체에 직접적으로 닿는 제품들이 많아 재활용 플라스틱을 사용하면 거부감을 가지는 소비자들이 있을 수 있다. 그래서 상품성이 중요하다. 재활용 플라스틱을 사용하는 제품들은 소비자가 재활용 플라스틱에 가지는 부정적 이미지를 상쇄할 만큼 상품성이 뛰어나야 한다. 모든 사람이 가지고 싶어 하고 또 가질 수 있는 제품에 재활용 플라스틱을 사용해야 재활용 플라스틱에 거부감을 가진 소비자들도 쉽게 수용할 수 있다. 상품성이 높은 제품은 판매도 잘 되기 때문에 원자재 시장에서 고품질의 재활용 플라스틱에 대한 수요를 증가시키는 효과도 있다.

결국 순환적 플라스틱이란 플라스틱이 '사용 → 수거 → 재활용 → 재사용'의 순환 시스템을 가지는 것을 말한다. 그리고 이 순환 시스템이 작동하는 데 있어서 가장 큰 역할을 하는 것이 소비재 기업이다. 기업이 자신이 만들어내는 가장 뛰어난 제품에 재활용 플라스틱을 적극적으로 사용한다면 플라스틱 폐기물과 재활용 플라스틱에 대한 소비자의 인식을 크게 전환시킬 수 있다. 또한 고품질의 재활용 플라스틱에 대한 수요를 늘림으로써 플라스틱 폐기물이 더 적극적으로 수거되고 재활용되는 선순환의 효과를 가져올 것이다. 즉, 상품성이 뛰어난 제품에 재활용 플라스틱을 사용하는 것이 플라스틱 순환 시스템의 엔진 역할을 하며 플라스틱의 자연스러운 순환을 가능하게 만든다.

환경 보호인가?
그린워싱인가?

플라스틱의 순환성을 높이기 위해서 가장 필요한 것은 앞서 강조했듯이 상품성이 뛰어난 소비재 제품에 고품질의 재활용 플라스틱을 사용하는 것이다. 최근 소비재 기업 중에는 제품 소재로 재활용 플라스틱의 사용을 시도하는 기업들이 증가하고 있다. 하지만 중요한 사실이 있다. 재활용 플라스틱을 사용하는 것 자체가 환경 문제에 도움이 되지는 않는다는 점이다. 환경 보호에 대한 실질적 기여 없이 재활용 플라스틱을 사용했다는 사실 자체만 홍보하거나 마케팅적으로 이용하는 것은 오히려 그린워싱Greenwashing이라는 비난을 받을 수 있다.

그린워싱이란 실제로 환경 문제에 도움이 되지 않지만 마치 도움이 되는 것처럼 기업의 활동을 과장하거나 거짓으로 속이는 마케팅 활동을 말한다. 미국의 환경운동가 제이 웨스터벨트^{Jay Westervelt}가 제안한 용어로, 1983년 당시 대학생이었던 웨스터벨트는 서핑을 하러 피지섬을 방문했다가 호텔에 붙어 있는 메모 하나를 보게 된다. 그 메모에는 수건을 여러 번 재사용하는 것이 지구의 환경 보호에 도움이 된다고 적혀 있었고 녹색^{Green} 재활용 마크가 붙어 있었다. 얼핏 보면 호텔이 환경 보호를 위해 노력하는 것처럼 보이지만 그는 다르게 느꼈다. 호텔 산업은 수건을 세탁하는 것뿐만 아니라 이미 다양한 방법으로 자원을 낭비하고 있었고, 투숙객들이 수건을 재사용하면 호텔로서는 세탁 비용이 줄어 경제적으로 이익이 되는 일이었다. 게다가 당시 그 호텔은 규모를 확장하기 위해 피지섬의 자연을 파괴하고 있었다. 이 일이 있은 지 몇 년 후, 웨스터벨트는 한 잡지에 실제로 환경 보호를 위해 노력하지 않으면서 사람들에게 마치 자신들이 환경 보호에 기여하는 것처럼 꾸미는 기업의 활동들에 대해 문제를 제기했고, 이때 '녹색으로 이미지를 세탁한다'는 의미의 그린워싱이라는 용어를 처음 사용했다.

그린워싱의 정확한 기준에 대해서는 다양한 견해가 존재하지만, 일반적으로 환경 보호에 대한 실질적 기여 없이 마케팅적으로 행해지는 광고, 제품 정보, 이벤트 등을 지칭한다. 예를 들어 기업이 실제로는 환경에 미치는 피해를 줄이기 위해 노력하지 않으면서 마치 자신들이 환경 보호에 앞장서고 있는 것처럼 광고하는 것, 실질적인 환경 보호 효과가 없는 제품이나 제조 공법에 환경과 관련된

호텔에서 흔하게 볼 수 있는 수건 재사용 안내문이다. 얼핏 보면 환경 보호를 위한 일 같지만, 비용을 줄이기 위한 하나의 전략일 수도 있다.

라벨을 붙이는 것, 환경 보호 효과가 미미한 활동을 과대 홍보하는 것, 정부 규제를 맞추기 위해 하는 수 없이 하는 활동을 마치 자발적인 활동처럼 포장하는 것 등이 모두 그린워싱에 해당한다.

코카콜라의 해양 플라스틱 제품을 예로 들어보자. 2019년 10월 3일 코카콜라는 해양 플라스틱 폐기물을 재활용해 만든 코카콜라의 새로운 용기를 언론에 공개했다. 이 제품은 스페인과 포르투갈의 84개 해안에서 모은 플라스틱 폐기물을 25% 함유하고 있는 페트병이었다. 이와 함께 코카콜라는 2030년까지 코카콜라가 생산하는 모든 용기 재질의 50%를 재활용 플라스틱으로 만들겠다고 발표했다. 언뜻 듣기에는 코카콜라가 플라스틱 줄이기에 앞장서는 것처럼 보인다. 하지만 사실은 전혀 그렇지 않다. 많은 환경 단체들은 오래전부터 코카콜라에 플라스틱 사용을 줄이라고 요구해왔다. 코카콜라는 세계에서 일회용 플라스틱을 가장 많이 생산하는 기업으로 현재 플라스틱 문제의 가장 큰 원인 제공자라 할 수 있다. 코카콜라가 한 해에 생산하는 일회용 플라스틱의 양만 해도 300만 톤에 달한다.[1]

사실 코카콜라는 이에 앞서 2008년에 2015년까지 용기의 25%를 재활용 플라스틱으로 만들겠다고 발표했다. 하지만 2019년까지 재활용 플라스틱 포함률은 9%밖에 되지 않았고, 오히려 그 기간에 환경 보호와 관련된 법안이 통과되지 못하도록 로비 활동에 집중한 것으로 알려졌다. 해양 플라스틱으로 만들었다고 코카콜라가 홍보한 제품도 사실상 시장에서 판매되지 않는 이미지 관리를

코카콜라가 버려진 해양 플라스틱으로 만들었다고 홍보한 제품은 고작 300개만 만들어진 이벤트성 제품이었다. 이는 플라스틱 순환에 전혀 도움이 되지 않는다.

위한 홍보물이었다. 제작 개수도 고작 300개였다. 실제 판매도 하지 않는 홍보용으로 만든 제품을 가지고 코카콜라는 마치 자신들이 플라스틱 문제 해결에 적극적으로 참여하고 있는 기업이라는 이미지만 만들려고 한 것이다.

코카콜라가 2030년까지 재활용 플라스틱 사용률을 50%까지 높이겠다고 발표한 것도 단지 새로운 규제에 대처하기 위한 것이다. EU는 2019년 3월 27일 자로 플라스틱 규제에 대한 새로운 법안을 통과시켰다. 이 법안에는 일회용 플라스틱 용기에 사용되는 재활용 플라스틱의 비율을 2025년까지 25%, 2030년까지 30% 포함해야 한다는 조항이 있다. 최근 미국 캘리포니아주도 2030년까지 일회용 플라스틱 용기에서 재활용 플라스틱의 비율을 50%까지 높여야 한다는 법안을 통과시켰다. 코카콜라와 같이 전 세계를 대상으로 하는 글로벌 기업이 국가나 지역별로 다른 용기를 생산하기는 어렵다. 또한 시간이 지나면 다른 국가와 지역도 EU의 기준에 맞춰 플라스틱 규제 법안을 만들 것이기 때문에 코카콜라가 2030년까지 재활용 플라스틱 사용률을 50%까지 달성하겠다고 발표한 것은 그저 강화된 환경 기준을 따른 것에 불과하다.

기업이 재활용 플라스틱을 적극적으로 활용하는 것은 플라스틱의 순환성을 위해서 바람직한 일이다. 하지만 환경 문제를 실질적으로 해결하고자 하는 노력 없이 홍보성으로 재활용 플라스틱을 사용하는 것은 그린워싱이라는 비난을 받을 수 있다. 특히 환경 문제에 대한 소비자의 관심이 증가하고 언론 보도와 환경 단체의 활동이 많아질수록 기업의 진정성 있는 노력과 홍보성 활동을 구분하는 사람들이 증가할 것이다. 설령 기업이 선한 의도를 가지고 한 일이 더라도 실제로 환경 문제에 기여하지 않는다면 기업의 의도와 다르게 비판과 비난의 대상이 될 수도 있다. 그러므로 재활용 플라스틱을 사용하는 데에는 원칙이 필요하다. 이 책에서는 상품성, 수요성, 전반성, 과정성, 자급성 다섯 가지로 리사이클^{Recycle} 원칙을 설명하고자 한다. 다음 장에서 더 자세히 알아보자.

상품성:
가장 뛰어난 제품에 재활용 자원을 사용하라

제품의 상품성Marketability은 제품의 품질과 성능, 디자인, 그리고 가격에 의해 결정된다. 재활용 플라스틱을 사용한 제품이 플라스틱 순환에 기여하기 위해서는 제품 자체만으로도 많은 사람들이 매력을 느끼고 갖고 싶어 할 정도로 품질과 성능이 뛰어나고, 디자인이 우수하며, 누구나 쉽게 구입할 수 있는 가격대를 갖춰야 한다. 하지만 재활용 플라스틱으로 만든 제품들은 많은 경우 제품 자체의 매력이 떨어지거나 가격이 지나치게 높은 경우가 많다. 대신 '환경 보호'라는 당위적 가치에 호소한다. 환경 보호를 위한 일이니 이 제품을 구입하라는 식이다. 하지만 아무리 환경 보호에 도움이 되는 제품이더라도 제품 자체의 상품성이 낮으면 소비자의 인식을 전환하는 데 한계가 있고, 재활용 플라스틱에 대한 수요도 늘리지 못한다. 단발성 이벤트에 그치는 이런 제품은 기업의 홍보에는 도움이 될지언정 플라스틱의 순환성에 도움을 주기는 어렵다.

과거에 비해 환경 보호를 중요하게 생각하는 사람들이 많아진 것은 사실이다. 설문 조사에서 "당신은 환경을 생각한 제품을 구입할 의향이 있으십니까?"라고 물어보면 대부분의 사람은 '그렇다'고 대답한다. 그러나 단지 친환경이라는 이유로 품질이나 디자인이 별로인 제품을 구입하거나, 같은 제품에 더 큰 금액을 지불하는 소비자는 많지 않다. 사람들이 중요하다고 믿는 가치와 개별 소비 결정은 다르기 때문이다. **믿음에는 비용이 발생하지 않지만, 소비는 돈이 드는 일이다.** 아무리 친환경 제품이더라도 제품의 경제적 가치가 낮으면 소비자들은 구입하지 않는다. 제품이 지불한 금액 이상의 가치가 있어야 구매가 발생한다.

모든 제품에 있어서 상품성은 중요하다. 특히 재활용 플라스틱을 사용한 제품의 경우 상품성이 더욱 중요한 역할을 한다. 최근 재활용 플라스틱의 품질은 새 플라스틱 수준으로 좋아졌지만, 여전히 많은 사람들은 재활용 플라스틱에 거부감을 가지고 있다. 새 플라스틱보다 품질이 좋지 않다고 생각하거나 인체에 유해하다는 두려움이 있다. 그래서 재활용 플라스틱으로 만든 제품은 사람들이 재활용 플라스틱에 가지는 부정적 이미지를 상쇄할 수 있을 정도로 품질이 더 좋고 디자인이 더 뛰어나야 한다. 그래야만 재활용 플라스틱에 거부감을 가진 사람들도 재활용 플라스틱으로 만든 제품을 수용하게 만들 수 있다. 가장 이상적인 것은 기업이 만들어내는 가장 좋은 제품에 재활용 플라스틱을 사용하는 것이다. 이미 품질과 성능이 뛰어나고, 디자인이 우수하며, 가격까지 합리적인 제품에 재활용 플라스틱을 사용하는 것이야말로 플라스틱을 순환하는 최고의 방법이다.

물론 기업 입장에서는 어려운 일처럼 느껴질 수도 있다. 하지만 이미 이를 실천하고 있는 기업들이 있다. 바로 메소드Method라는 생활용품 브랜드다. 메소드는 주방 세제, 세탁 세제, 손 비누와 같은 세정용품을 만드는 미국 기업이다. 세정용품 시장은 브랜드 인지도와 신뢰도가 중요하기 때문에 오랜 역사를 지닌 브랜드들이 대부분의 매출을 차지하는 특성이 있다. 메소드는 2000년에 설립된 신생 회사임에도 불구하고 설립 12년 만에 1억 달러(약 1,200억 원)라는 높은 매출을 기록했다.

메소드가 짧은 기간에 큰 성공을 거둘 수 있었던 이유는 디자인에 있다. 대부분의 세정용품은 기능성을 강조하는 형태로 디자인된다. 동일한 외관에 제품의 성능을 강조하는 문구를 넣는 것이 일반적이다. 하지만 메소드는 기존 세정용품들과 달리 제품을 아름다운 형태와 색을 가진 용기로 새롭게 디자인했고, 이 제품은 출시되자마자 소비자들로부터 큰 호응을 불러일으켰다. 그런데 흥미로운 점은 메소드는 환경을 위해 재활용 플라스틱을 사용해 용기를 만들면서도 이를 특별히 홍보하거나 강조하지 않는다는 것이다. 메소드 제품을 구매한 소비자들은 메소드의 용기 디자인이 매력적이고 제품의 품질이 좋아서 구입하는 것이지 메소드가 환경 문제에 기여했기 때문에 구입한 것이 아니다.

메소드의 사례는 플라스틱을 순환하는 데 있어서 제품의 상품성이 얼마나 중요한지를 잘 보여준다. 재활용 플라스틱으로 만든 제품이 많은 사람들에게 선택받기 위해서는 재활용 자원을 사용했다는 점을 굳이 강조하지 않아도 자연스럽게 판매될 수 있는 좋은 제품이어야 한다. 제품의 품질과 성능이 우수하고 디자인이 뛰어나면서 가격 경쟁력도 갖춘 제품에 재활용 플라스틱을 사용해야 플라스틱은 순환성을 가질 수 있다.

상품이 가진 매력만으로 플라스틱을 순환하는 또 다른 예로 이케아IKEA를 꼽을 수 있다. 이케아의 환경 보호를 위한 노력은 익히 잘 알려진 사실이다. 이케아는 최소한의 자원으로 제품을 만들고, 제조 과정에서 발생하는 환경 피해도 최소화하려고 노력한다. 최근에는 재활용 플라스틱을 사용한 제품들을 다양하게 선보이고 있다. 대표적으로 오드게르Odger 의자가 있는데, 이 의자는 재활용 목재와 재활용 플라스틱으로 만든다. 그런데 이케아는 이 점을 내세우지는 않는다. 그럴 필요가 없기 때문이다. 오드게르 의자는 뛰어난 디자인과 편안한 사용감으로 인기가 많다. 재활용 자원 사용 여부와 관계없이 환경 보호에 관심 있는 사람이건 없는 사람이건 이 의자를 구입하고 싶어 한다.

한국에도 좋은 상품성으로 플라스틱 순환에 기여하는 훌륭한 브랜드가 있다. 바로 플리츠마마Pleatsmama라는 신생 가방 회사다.

가방은 재활용 플라스틱으로 가장 흔하게 제작되는 제품이지만 재활용 플라스틱을 사용했다는 사실만 강조할 뿐 제품 자체의 매력이 결여되어 있는 경우가 많다. 하지만 페트병을 재활용해서 니트 가방을 만드는 플리츠마마는 독특한 디자인과 빼어난 색감을 가진 가방들을 선보이고 있다. 플리츠마마의 가방은 젊은 소비자들에게 큰 호응을 얻으면서 현재 무신사나 29CM와 같은 유명 온라인 플랫폼에서 인기리에 판매되고 있다(자세한 내용은 '리사이클 원칙 ❺ 자급성'에서 살펴보겠다).

메소드의 세정용품, 이케아의 의자, 플리츠마마의 가방은 모두 재활용 플라스틱을 사용해서 만든다. 하지만 이보다 더 중요한 것은 이 제품들은 환경 보호라는 가치를 내세워 홍보할 필요가 없을 정도로 상품성이 뛰어나고, 많은 사람들에게 사랑을 받으면서 플라스틱 순환에 실질적으로 기여하고 있다는 것이다. 최근 많은 기업들이 재활용 플라스틱으로 제품을 만들고 있다. 하지만 홍보용이거나 상품성이 부족한 제품이 많아 실제로 이 제품을 구입한 사람을 찾기 어렵다. 사람들이 사용하지 않는 제품은 재활용 자원을 사용했다고 하더라도 환경 오염 문제를 해결하는 데 기여하지 못한다. 이는 또 다른 플라스틱 폐기물을 만들 뿐이다.

기업이 플라스틱 순환에 기여하고자 한다면 자신이 만들 수 있는 상품성이 가장 뛰어난 제품에 재활용 플라스틱을 사용해야 한다. 품질이 우수하고, 디자인이 뛰어나며, 모든 사람이 구입 가능한 정도의 가격대를 갖춘 제품을 재활용 플라스틱으로 만들어야 한다.

즉, 재활용 자원을 사용했다는 사실을 군이 홍보하지 않아도 많은 소비자들이 사고 싶어 하는 제품이어야 한다. 그런데 대부분의 기업은 이런 제품에 재활용 플라스틱을 사용하는 것에 거부감을 가지고 있다. 제품의 제조 원가를 높이고, 제품의 가치는 떨어뜨린다고 생각하기 때문이다. 하지만 환경 문제에 책임감을 가지고 있는 기업이라면 반드시 해야 할 일이다. 그리고 그런 기업의 노력은 보상받게 될 것이다. 앞으로 소비자들은 환경 보호에 실질적으로 기여하는 기업과 그렇지 않은 기업을 분명하게 구분해 환경 보호를 위해 최선을 다하는 기업은 응원하고, 그렇지 않은 기업에 등을 돌릴 것이다.

세정제 용기에 디자인을 입힌,
메소드

메소드는 주방 세제, 세탁 세제, 손 비누와 같은 세정용품을 만드는 브랜드다. 어린 시절부터 친구였던 애덤 라우리Adam Lowry와 에릭 라이언Eric Ryan은 2000년 미국 샌프란시스코에 친환경 세정용품을 만들기 위한 스타트업을 세운다. 라우리는 화학 공학을 전공했고, 라이언은 디자이너였기 때문에 디자인이 좋으면서 환경에 좋은 제품을 만들기에는 최상의 조합이었다고 할 수 있다. 이들이 만든 회사는 설립 12년 만에 1억 달러(약 1,200억 원)의 매출을 기록했고, 2020년 매출은 3억 달러(약 3,300억 원)가 넘는다.

생분해되는 친환경 원료를 사용해서 세정용품을 만드는 메소드가 다른 친환경 세정용품들과 차별화되는 점은 용기의 디자인이다. 메소드 이전에도 친환경 원료를 사용한 제품은 많았다. 하지만 기존의 세정용품들은 모두 특유의 '세정용품 같은' 디자인이었다. 외적 매력보다는 실용성만 강조한 디자인이라 대부분 세정용품을 싱크대 아래나 세탁실에 넣어 놓고 사용했다. 메소드는 이와 달리 잘 보이는 곳에 꺼내 놓고 사용하고 싶은 매력적인 디자인을 자랑한다.

메소드의 손 비누나 주방 세제는 아름다운 형태와 색을 가진 투명용기에 담겨 있다. 특히 물방울 모양으로 디자인된 손 비누는 세정용품이라기보다는 마치 향수병 같다. 용기의 디자인만으로도

주방 세제와 손 비누를 포함한 메소드의 모든 제품은 100% 재활
용 플라스틱을 사용해서 만든다. 이는 메소드 용기 뒷면에 표시된
용기 소재 정보(아래)에서 확인할 수 있다.

사람들의 구매 욕구를 불러일으키는 제품이다. 더 놀라운 건 이런 아름다운 용기들을 재활용 플라스틱을 사용해서 만든다는 것이다. 메소드의 용기 가운데 페트로 만든 용기들은 모두 100% 재활용 플라스틱을 사용해서 만든다. HDPE로 만든 용기들도 50%는 재활용 HDPE를 사용한다. 가격 면에서도 미국 대형 마트 타깃의 판매 가격을 기준으로 P&G의 200밀리리터 도브 제품이 3달러에 판매되고 있는데 메소드는 355밀리리터 제품이 3달러에 판매 중이다. 단위당 가격 기준이 거의 50%나 저렴하다. 다이알Dial과 같은 저가 브랜드 제품보다는 비싸지만, 다른 유명 브랜드 제품보다는 저렴하게 판매되고 있다.

그런데 메소드의 제품을 구입하는 사람 중에는 메소드의 용기가 재활용 플라스틱으로 만들어졌다는 사실을 모르는 사람들이 더 많다. 처음부터 세련된 용기 디자인과 친환경 소재로 유명해진 브랜드였기 때문에 용기가 재활용된 플라스틱으로 만들어졌다는 것은 사람들이 이 제품을 선택하는 데 있어서 부수적인 특징일 뿐이다. 그만큼 메소드의 제품은 그 자체로 상품성이 매우 뛰어나다. 메소드의 노력은 여기서 멈추지 않았다. 2012년부터는 바다에서 수거한 플라스틱으로 만든 제품을 선보이고 있다. 100% 재활용 플라스틱으로 만든 용기의 10%는 오션 플라스틱을 사용한다. 이 용기를 만들기 위해 메소드는 환경 단체의 자원봉사자들과 함께 바다에서 플라스틱 폐기물을 직접 수거하고 있다.

메소드처럼 좋은 원료를 사용하고 좋은 디자인을 가진 제품에 재활용 플라스틱을 사용하는 것은 기업 입장에서는 실행하기 어려운 결정이다. 대부분의 제품이 버진 플라스틱을 사용하고 있어서 기업들은 소비자들이 재활용 플라스틱에 거부감이 있지 않을까 우려한다. 그런데 메소드는 오히려 재활용 플라스틱을 사용하기 때문에 그 어떤 브랜드보다 더 특별하게 느껴진다. 메소드의 이런 노력을 알게 된 사람들은 메소드를 지지하며 메소드의 팬이 된다. 디자인이 뛰어난 메소드의 제품들은 재활용 플라스틱에 대한 소비자의 인식 전환에 큰 역할을 했을 뿐 아니라 높은 판매율을 통해 버려진 플라스틱으로 인한 환경 오염 문제에 실질적으로 기여하고 있다.

누구나 갖고 싶어 하는 의자,
이케아

이케아는 스웨덴의 가구 및 생활용품 업체다. 조립식 가구로 유명하지만 사실 환경 보호에 가장 앞장서는 브랜드 가운데 하나다. 이케아의 환경 보호 전략은 나무를 가능한 한 적게 사용해 산림을 보호하고 가구의 포장 상태를 최대한 납작하게 디자인해서 운송 과정의 연료 소비를 줄이는 것에 초점을 두고 있다. 그런 이케아가 최근 재활용 플라스틱을 이용한 제품들을 선보이면서 다시 한 번 주목받고 있다. 바로 이케아의 오드게르 의자다.

이 의자는 목재와 플라스틱을 혼합한 소재로 만들었다. 이 소재의 30%는 재활용 목재고, 55% 이상은 재활용 플라스틱이다. 의자의 85%가 재활용 재료로 만들어진 것이다. 그런데 이 의자의 가장 큰 장점은 재활용 재료 사용이 아니라 상품성이다. 오드게르 의자는 디자인이 뛰어나고 편안하며, 튼튼하고 조립하기도 쉽다. 게다가 가격까지 저렴하다. 좋은 상품이 갖춰야 하는 디자인, 품질, 가격이라는 세 요소를 모두 갖춘 것이다.

오드게르 의자의 매력에 대해 더 자세히 살펴보면, 우선 이 의자는 곡선적 등받이와 직선적 다리가 균형 있게 조합된 완성도 높은 디자인으로 외형만 봐도 갖고 싶다는 생각이 든다. 기능성도 뛰어난데, 등받이와 바닥이 둥그렇게 휘어져 있어서 등과 엉덩이를 잘 받쳐줘 앉았을 때 매우 편안하다. 조립도 간단하다. 이케아는 원

이케아 오드게르 의자는 재활용 플라스틱과 재활용 목재
를 사용해서 만든 의자로 디자인이 뛰어나고 편안하며
가격이 저렴해 인기가 많다.

래 제품을 조립하기 쉽게 만들지만 아무리 조립이 쉬워도 설명서를 보면서 부품들을 연결하고 조립하려면 긴 시간과 많은 노력이 필요하다. 제품에 들어가는 스크루 볼트들을 일일이 조이는 일은 생각보다 힘든 일이다. 그런데 이 의자는 스크루 볼트를 조일 필요 없이 단 두 번의 동작으로 조립이 끝난다.

　이케아는 오드게르 의자를 만들기 위해 이전에 사용한 적 없는 새로운 방식의 조립 장치를 개발했다. 바로 스냅 핸들이다. 스냅 핸들이라고 불리는 손잡이를 돌리는 것만으로도 조립할 수 있게 했다. 이 의자의 부품은 상체와 하체, 두 개의 스냅 핸들, 총 네 개로 두 개의 스냅 핸들을 한 번씩만 돌려 주면 조립이 끝난다. 이 의자를 조립하는 데 걸리는 시간은 채 1분이 되지 않는다. 게다가 스크루 볼트와 너트를 사용하지 않아 오래 사용해도 제품 이음새가 벌어지거나 삐걱거림이 발생하지 않는다. 그래서 다른 조립식 의자보다 더 튼튼하고 안정감이 있다. 이케아는 재활용 플라스틱으로 의자를 만들기 위해 가장 혁신적인 조립 방법을 개발한 것이다. 게다가 가격까지 저렴하다. 미국에서는 89달러에 판매되고 있고, 한국에서는 이보다 저렴한 가격인 8만 원 정도에 판매되고 있다.

　나는 오드게르 의자를 두 개나 구입했다. 재미있는 것은 내가 이 의자를 구입할 당시에는 이 의자가 재활용 플라스틱을 사용해서 만들어졌다는 사실을 전혀 몰랐다는 점이다. 의자의 디자인과 기능이 좋아서 구매한 것이지 재활용 플라스틱으로 만들어졌기 때문에 구매한 것이 아니다. 이케아에서도 이 의자가 재활용 플라스틱으로

오드게르 의자는 네 개의 부품(위)만으로 만들 수 있는 획기적인 의자로, 1분이면
조립이 가능하다. 이를 위해 이케아는 스냅 핸들(아래) 장치를 개발했다.

만들어졌다는 사실을 특별히 홍보하지 않는다. 사실 이케아는 이렇게 상품성이 뛰어난 의자를 굳이 재활용 플라스틱으로 만들 필요가 전혀 없다. 새 플라스틱을 사용해서 만들었어도 인기리에 판매되었을 것이다. 하지만 그렇기 때문에 이 의자는 특별하다. 단지 재활용 플라스틱을 사용하기 위해서 만들어진 의자가 아니라 기업이 만들 수 있는 가장 좋은 제품에 재활용 플라스틱을 사용한 의자이기 때문이다.

오드게르 의자는 프로젝트 기획 단계에서부터 재활용 자원을 사용해서 가장 좋은 의자를 만들겠다는 목표로 만들어졌다. 이 프로젝트를 이끈 디자이너인 아사 헤더베르그Åsa Hederberg는 한 인터뷰에서 이렇게 말했다. "우리는 지금까지 한 번도 시도하지 않은 것을 하고 싶었습니다. 재활용 자원을 사용해서 최고로 편안하고, 좋은 디자인을 가지고 있으면서도, 낮은 가격으로 많은 사람들이 이용할 수 있는 그런 의자를 만들고 싶었습니다."[2] 이 말 한마디에서도 우리는 환경 문제에 대해 이케아가 가진 진정성을 느낄 수 있다.

재활용 플라스틱을 사용해서 만든 많은 제품들은 '재활용 플라스틱을 사용했다는 행위' 자체에만 초점을 맞춘다. 재활용 플라스틱을 사용했기 때문에 사회에 도움이 되는 행위라고 홍보한다. 하지만 아무리 재활용 플라스틱으로 제품을 만들더라도 제품이 많이 판매되지 않으면 실제 플라스틱 문제 해결에 도움을 줄 수 없다. 이는 기업의 홍보 수단이 될 뿐이다. 오드게르 의자에서 '재활용 플라스틱을 사용했다는 것'은 부수적이다. 이 제품의 상품성은 디자인, 편안함, 튼튼함, 그리고 가격에서 나온다. 재활용 플라스틱을 사용했다는 사실을 내세우지 않고 상품성만으로 많은 사람들에게 판매될 수 있는 제품이야말로 플라스틱 순환에 크게 기여하는 제품이다.

수요성:
순환성에는 수요가 필요하다

버려진 플라스틱을 재활용해서 제품을 만든다는 것은 그 자체로 의미 있는 일이다. 사람들에게 플라스틱 폐기물의 가치에 대해 새롭게 인식시킬 수 있고, 플라스틱 폐기물을 사용해서 가치가 높은 제품을 만들 수 있다는 것을 깨닫게 해주기 때문이다. 하지만 아무리 재활용 플라스틱을 사용한 제품이더라도 제품의 수요가 제한적이라면 플라스틱은 순환성을 가지기 어렵다.

앞서 언급했던 코카콜라가 선보인 해양 플라스틱 재활용 용기를 생각해보자. 이 제품은 300개만 제작되었다. 용기에 포함된 해양 플라스틱 폐기물이 25%라는 사실에 기초할 때, 이 제품이 실제로 순환한 플라스틱의 양은 몇백 개뿐이다. 기업이 플라스틱 문제에 기여하고자 한다면 버려진 플라스틱을 최대한 많이 순환하는 것을 목표로 해야 한다. 그러기 위해서는 플라스틱을 재활용해서 만든 제품의 생산량과 판매량이 모두 높아야 한다. 아무리 재활용 플라스틱을 사용해서 제품을 만들더라도 제품이 소량으로만 만들어진다면 이는 기업과 브랜드의 이미지를 좋게 만들려는 그린워싱에 불과하다. 이런 점에서 기업이 추구해야 하는 '리사이클'은 '업사이클 Upcycle'과는 차이가 있다.

업사이클이란 버려진 자원을 사용해 원래보다 더 높은 가치를 가진 것으로 재탄생시키는 것을 말한다. 예술가가 폐기물을 가지고 가치가 높은 예술 작품을 만드는 것이나 버려진 자원을 활용해 고부가가치 제품을 만드는 것 등이 모두 업사이클에 해당한다. 요즘은 업사이클 제품만을 전문적으로 제작 및 판매하는 브랜드도 많이 생겨나고 있다. 버려진 화물 트럭 덮개로 가방을 만드는 프라이탁 Freitag, 소방관들의 방화복을 재활용해서 가방을 만드는 119REO 등이 대표적인 업사이클 브랜드다.

업사이클의 목적은 가치의 변환에 있다. 아무런 가치가 없는 폐기물이더라도 높은 가치를 가진 예술품이나 제품이 될 수 있다는 것을 보여주는 것이 업사이클의 핵심이다. 그렇기 때문에 업사이클에 대한 평가도 가치 변환의 정도에 기반한다. 업사이클을 통해 딱 한 개의 작품만 만들더라도, 그 작품의 예술적 가치가 뛰어나면 업사이클 활동은 높게 평가받는다. 그리고 사람들은 그 작품을 통해서 자신들이 가졌던 폐기물의 가치에 대한 인식을 바꾸게 된다.

업사이클 활동에서 얼마나 많은 제품이 만들어지고 판매량이 얼마나 되는지는 중요하지 않다. 업사이클은 가치의 변환 정도가 중요한 것이지 수량이 중요한 것이 아니기 때문이다. 반면 순환적 플라스틱을 위해서 중요한 것은 수량이다. **더 많은 플라스틱 폐기물이 가치가 높은 제품으로 만들어지고, 많은 사람들에게 판매되어야 플라스틱은 순환성을 가진다.** 미국의 여성용 신발 브랜드 로티스Rothy's는 수요성 측면에서 좋은 사례다. 로티스가 재활용 플라스틱으로 만든 플랫 슈즈는 연간 판매량이 100만 켤레가 넘는다. 판매량이 많은 만큼 로티스가 재활용한 플라스틱 폐기물도 많다. 지금까지 로티스 슈즈에 사용된 버려진 플라스틱병은 7천만 개가 넘는다.

결국 플라스틱을 순환하려는 기업에 필요한 것은 업사이클이 아니다. 업사이클은 시민 단체나 예술가, 혹은 지금의 환경 문제에 책임이 없는 스타트업의 영역이다. 이들의 역할은 업사이클을 통해 사람들에게 자원 재활용의 중요성을 인식시키는 것이다. 하지만 기업은 다르다. 대부분의 기업은 현재 환경 문제에 큰 책임이 있다. 기업이 자신의 책임을 다하고자 한다면 최대한 많은 플라스틱 폐기물을 재활용해야 한다. 한정된 수량만 제작하는 업사이클 제품만을 만든다면 안 된다. 이는 기업 이미지만 좋게 바꾸려고 하는 그린워싱으로 여겨질 수 있다. 그러므로 기업은 가장 수요가 많은 제품, 즉 많이 생산되고 많이 판매되는 제품에 재활용 자원을 적극적으로 활용해야 한다. 높은 수요를 가진 제품을 재활용 플라스틱으로 만들어야 플라스틱은 순환할 수 있다.

한국의 한 자동차 제조사는 자동차 제작 과정에서 발생하는 자투리 가죽 시트, 에어백, 안전벨트 등을 재활용해서 옷이나 가방 등을 만드는 업사이클 프로젝트를 진행했다. 친환경 가치를 추구하는 6개의 글로벌 패션 브랜드들과 협업해서 자동차 폐기물로 높은 가치를 가진 제품을 만든 것이다. 이 프로젝트는 업사이클 측면에서는 높게 평가될 만한 프로젝트지만 제품이 한정 수량으로만 제작되었다는 측면에서 플라스틱의 순환성에 도움이 되는 프로젝트는 아니다. 자동차 제조사가 지금의 환경 오염 문제에 큰 책임이 있다는 사실을 고려할 때, 환경 문제에 기여하는 정도가 미미한 수준인 업사이클 프로젝트를 바람직한 기업 활동으로 보기 어려운 이유다. 이는 기업에 친환경이라는 '그린' 이미지를 덧씌우는 일일 뿐이다.

국내의 한 음료업체가 재활용 플라스틱으로 만든 액세서리도 마찬가지다. 이 업체는 자신들의 음료 용기를 재활용해서 음료에 붙어 있는 라벨이나 뚜껑을 분리할 수 있는 커터^{Cutter}를 제작했다. 2,160개의 공병을 재활용했다는 사실을 언론을 통해 크게 홍보하고, 다양한 SNS 활동도 진행했다. 이는 업사이클 측면에서는 긍정적으로 평가될 수 있지만, 순환적 플라스틱 측면에서는 별 도움이 되지 않는다. 이 음료업체의 대표 제품인 바나나맛우유의 판매량만 해도 1년에 2억 개가 넘는다. 게다가 이 제품의 용기는 재활용이 쉬운 페트가 아니라 불투명한 PS로 만든다. 가격이 저렴하지만, 환경호르몬 방출 위험이 크고, 재활용률이 낮아서 선진국에서는 잘 사용하지 않는 플라스틱이다. 1974년 첫 출시 이후 이 회사가 지금까지 생산한 PS 용기는 아마 수십억 개에 달하고 무게는 수만 톤에 이를 것이다. 이런 기업에 필요한 것은 자신들이 배출한 플라스틱을 최대한 많이 순환하는 것이지 달랑 2,160개의 용기를 재활용해서 만든 액세서리를 대대적으로 홍보하는 것은 아니다.

물론 업사이클도 중요하다. 다만 기업이 할 일은 따로 있다는 것이다. 기존 기업에 필요한 것은 자신들이 배출한 플라스틱을 최대한 많이 순환하려는 노력이다. 그러기 위해서는 높은 수요성^{Demand}이 필요하다. 수요가 가장 높은 제품에 재활용 자원을 사용해야 한다. 자동차 회사라면 판매량이 가장 많은 자동차에 재활용 자원을 사용하고, 음료업체라면 판매량이 가장 많은 음료에 재활용 자원을 사용해야 한다. 기업 입장에서는 재활용 자원을 가지고 품질 좋은 제품을 만들기 위해 시간과 비용을 들여야 하는 일이지만 환경 문제에 책임감을 느낀다면 기업의 용기와 노력이 필요하다.

MZ세대가 열광하는 업사이클 브랜드, 프라이탁과 119REO

업사이클에 관심 있는 사람이라면 스위스의 가방 브랜드 프라이탁에 대해서 들어봤을 것이다. 프라이탁은 버려진 트럭 방수천을 재활용해서 만든 메신저 백으로 유명하다. 1990년대 초, 당시 디자인을 전공하는 학생이었던 마르쿠스 프라이탁Markus Freitag과 다니엘 프라이탁Daniel Freitag 형제는 비가 오는 날 자전거를 타고 학교에 가도 스케치북이 젖지 않는 방수 가방을 만들고 싶었다. 그러던 어느 날 트럭 덮개로 사용되는 방수천에서 아이디어를 얻어 버려진 트럭 덮개, 자동차 안전벨트, 자전거 바퀴의 고무 튜브 등을 활용해 직접 방수 가방을 만들었다. 이것이 프라이탁 가방이 탄생한 배경이다. 프라이탁의 대표 제품인 메신저 백 가격은 350달러(약 40만 원)로 고가다. 버려진 자원이 이처럼 높은 가치를 가진 제품으로 재탄생했다는 점에서 프라이탁은 업사이클의 좋은 본보기다.

프라이탁 가방은 버려진 트럭 방수천을 재활용해서 만드는데, MZ세대에게 인기가 많다.

119REO 비전

매 월 1명의 소방관에게 기부금 전달
(연간 총 12명의 소방관에게 기부금 전달)

전국 단위 방화복 수거 시스템 구축
연간 20ton 방화복 업사이클링 (현재 1.5ton)

1.5t 20t

연 2회 이상의 정기적 문화 행사 기획
후원자와 소방관 간의 소통의 장 마련

119 RESCUE EACH OTHER REO   소방관과 우리 서로가 서로를 구하다

버려진 방화복을 재활용해 가방을 만드는 119REO는 판매
수익금 중 일부를 소방관들을 위해 기부하고 있다.

스위스에 프라이탁이 있다면 한국에는 119REO가 있다. 119
REO는 소방관들이 사용한 폐방화복을 업사이클링해 가방으로 재
탄생시킨 브랜드다. 한국의 소방관들은 공무 기간 중 발생한 암과
같은 질병을 상해로 인정받지 못하는 경우가 많다. 119REO는 이런
소방관들을 돕기 위해 대학생들이 창업한 사회적 기업이다. 판매 수
익의 50%를 소방 단체에 기부하고 있으며, 소방관들을 돕기 위한
모금 활동도 활발히 진행하고 있다. 2016년 대학 동아리 프로젝트
로 시작해 아직 역사가 짧지만 2020년 1월 기준으로 이들이 기부한

금액은 벌써 3,400만 원에 달한다. 119REO가 선보이는 제품들은 소비자들에게 버려진 폐기물이 높은 가치를 가진 제품으로 재탄생할 수 있다는 것을 보여주는 동시에 소방관들에게 실질적인 도움을 주는 측면에서 바람직한 업사이클 사례라고 할 수 있다.

하지만 업사이클 제품은 제작 기간이 길고 가격이 비싸기 때문에 한정 수량으로만 만들어지거나 판매량이 저조한 경우가 많다. 업사이클 브랜드 가운데 대중적인 성공을 거둔 브랜드는 프라이탁이 거의 유일하다. 이렇게 한정 수량으로 제작하거나 판매량이 저조한 업사이클 제품은 기업 홍보에만 도움이 되는 제품으로 자원 순환에 실질적인 기여를 하지 않는다. 업사이클은 예술가, 시민, 스타트업, 소셜 벤처 등에 맡겨야 한다. 플라스틱 문제에 기여하고자 하는 기업이라면 더 많은 플라스틱 폐기물을 순환하는 것을 목표로 해야 한다.

패셔니스타들이 선택한 재활용 슈즈, 로티스

로티스는 스테판 '호디' 호손웨이트 Stephen 'Hawthy' Hawthornthwaite 와 로스 마틴 Roth Martin 이 만든 여성용 플랫 슈즈 브랜드다. 로스 마틴의 '로'와 스테판 호디의 '호디'를 합쳐서 '로티스'라는 브랜드 이름을 만들었다. 마틴과 호손웨이트는 사실 여성 신발에 대해 문외한들이었다. 마틴은 아트 갤러리를 운영하고 있었고, 호손웨이트는 투자 회사에서 일하고 있었다. 두 사람은 가족 모임을 통해 알게 되었고, 자연스럽게 가까워졌다.

2012년 마틴은 아트 갤러리 운영을 그만둘 생각을 하고 있던 차에, 당시 요가 레깅스가 크게 유행했지만 여기에 어울리는 편안한 신발은 없다는 사실에 주목했다. 그래서 호손웨이트와 함께 여성들을 위한 편안한 신발을 직접 만들어보기로 한다. 이들이 원하는 신발은 가장 편안하면서도 환경 보호에 도움이 되는 신발이었다. 그래서 이들이 선택한 것은 재활용 플라스틱 원사를 사용해서 3D 직조 방식으로 신발을 만드는 것이었다. 3D 직조 방식은 원단을 잘라서 붙이는 것이 아니라 신발의 상부 전체를 처음부터 실로 짜는 방식이다. 나이키의 플라이니트 운동화가 이 방식으로 만들어진다. 원단을 잘라서 붙이는 방식과 비교해서 원재료 사용을 크게 줄일 수 있고, 이음새가 없고 신축성이 높아 기존 신발들보다 착용감이 편안하다.

가볍고 편안하며 디자인이 우수한 로티스 플랫 슈즈는 현재까지 7,600만 개의 버려진 플라스틱병을 재활용했다.

로티스의 플랫 슈즈는 2016년 출시되자마자 선풍적인 인기를 끌었다. 출시된 지 2년 만에 연간 판매량이 100만 켤레를 넘었고, 1억 4천만 달러의 매출을 기록했다. 기네스 펠트로, 나탈리 포트만, 리즈 위더스푼과 같은 유명인들이 로티스의 플랫 슈즈를 신고 다니는 모습이 목격되면서 일부 디자인의 경우에는 재고가 없어서 팔지 못할 정도였다. 현재 로티스의 회사 가치는 7억 달러에 달한다. 그런데 이런 경제적 성공보다 더 중요한 것은 로티스가 플라스틱 순환에 기여한 정도다. 2021년 2월 기준으로 로티스가 재활용한 플라스틱병은 7,600만 개가 넘는다. 대형 브랜드 중에서도 이 정도로 많은 플라스틱 폐기물을 재활용한 브랜드는 거의 없다. 로티스는 플랫 슈즈 하나로 플라스틱 순환에 엄청난 기여를 하고 있는 것이다.

로티스의 플랫 슈즈는 가볍고 편안하다. 디자인도 좋다. 당시 미국에서는 이런 신발에 대한 니즈가 존재했지만 이를 만족시켜주는 신발은 없었다. 그래서 로티스의 플랫 슈즈는 재활용 플라스틱을 사용하지 않았어도 사실 큰 성공을 거두었을 것이다. 하지만 높은 수요를 가질 수 있는 제품에 재활용 자원을 적극적으로 사용했기 때문에 현재 로티스가 높게 평가받는 것이다.

수요가 없는 제품에 재활용 플라스틱을 사용하는 것은 누구나 할 수 있는 일이다. 지금도 많은 기업들이 재활용 플라스틱을 사용해서 인형이나 액세서리를 만들고 있다. 그런데 높은 수요를 가지는 주력 상품에는 재활용 자원을 사용하려고 하지 않는다. 하지만 기업이 플라스틱을 순환해서 환경 문제에 기여하고자 한다면 기업이 만들 수 있는 수요가 가장 높은 제품에 재활용 자원을 적극적으로 사용해야 한다. 만약 플라스틱 폐기물에 거부감을 가진 사람들 때문에 수요에 제한이 생긴다면 재활용 자원의 사용을 그만둘 것이 아니라 수요를 높일 수 있는 방법을 찾아내야 한다. 메소드, 이케아, 로티스, 파타고니아와 같은 브랜드들이 재활용 자원을 사용한 제품도 높은 수요를 가질 수 있다는 것을 분명히 보여주고 있다. 수요에 대해 걱정하기보다는 수요를 높이기 위한 노력과 전략이 필요하다는 것을 명심하자.

전반성:
모든 제품과 포장재에서 순환성을 추구하라

기업이 재활용 플라스틱을 사용한 제품 하나를 만든다고 해서 플라스틱 순환을 기대해서는 안 된다. 하나의 제품에 재활용 플라스틱을 사용하는 것으로 기업이 플라스틱 문제에 기여할 수는 없다. 플라스틱 문제에 책임감을 가지는 기업이라면 모든 제품과 포장재에 재활용 플라스틱을 최대한 많이 사용하려고 노력해야 한다. 즉, 재활용 자원이 모든 제품과 포장재 전반Wholeness에 걸쳐 적용되어야 한다.

재활용 플라스틱을 사용하려는 의지를 가지고 있는 기업이더라도 모든 제품과 포장재에 재활용 플라스틱을 사용하는 것은 쉬운 일이 아니다. 여기에는 두 가지 장벽이 존재한다. 기술적 장벽과 인식의 장벽이다. 플라스틱을 순환하기 위해서는 이 두 장벽을 모두 넘어야 한다.

먼저 기술적 장벽에 관해 이야기해보자. 재활용된 페트병으로 만든 폴리에스터는 이제 비교적 손쉽게 구할 수 있다. 최근 페트병을 재활용한 옷을 선보이는 의류 브랜드가 많아진 이유도 과거에 비해 품질이 좋은 재활용 폴리에스터를 구입하기 쉬워졌기 때문이다. 반면 HDPE나 PP는 내용물에 의해 오염된 플라스틱이 많아 새 플라스틱 수준의 재활용 플라스틱을 얻어내기가 쉽지 않다. 하지만 어렵다는 것이 재활용 플라스틱을 선택적으로 특정 제품에만 사용하는 것을 정당화해주지는 않는다. 폴리에스터나 페트는 플라스틱 사용처의 일부분에 불과하다. 전자제품, 장난감, 자동차 내장재, 식품 용기, 화장품 용기, 생활용품 용기 등 수없이 많은 곳에 다양한 종류의 플라스틱이 사용되고 있다. 플라스틱이 제대로 순환하기 위해서는 플라스틱이 사용되는 제품 전반에 재활용 플라스틱을 사용해야 한다.

생활용품 제조사인 P&G는 샴푸나 세제 등 액체 제품 용기로 많이 사용하는 PP를 재활용할 수 있는 방법을 개발했다. 버려진 PP 용기는 세척 후에도 냄새가 없어지지 않아 고품질의 재활용 플라스틱으로 만들어지기 어려운 것으로 알려져 있다. P&G는 이런 PP 용기의 폐기물에서 냄새와 불순물을 완전히 제거할 수 있는 방법을 자체 개발해 자신들의 새 용기에 적용하고 있다. P&G의 새로운 기술이 적용된 재활용 PP는 현재 퓨어사이클Pure Cycle Technologies이라는 스타트업을 통해 생산한다.

앞서 소개한 메소드의 경우에는 용기의 플라스틱 종류를 바꿈으로써 문제를 해결했다. 세탁 세제는 내용물의 안정성 문제로 페트가 아니라 HDPE가 사용된다. 메소드는 재활용된 페트를 자신들의 세탁 세제 용기로 사용하기 위해 페트 용기에 담아도 문제가 없는 세탁 세제를 개발했다. 이처럼 기업이 재활용 플라스틱을 사용하고자 하는 강한 의지만 있다면 기술적 문제는 극복 가능하다.

또 다른 장벽은 소비자 인식이다. 최근 환경 문제를 중요하게 여기는 소비자가 많이 증가한 것은 사실이지만 재활용 플라스틱에 대한 전반적인 인식은 여전히 좋지 않다. 특히 피부에 직접 닿거나, 식품을 담는 용기에 재활용 플라스틱을 사용하는 것은 꺼리게 된다. 아이가 사용하는 제품이라면 더욱더 재활용 플라스틱을 기피할 수밖에 없다. 하지만 플라스틱을 순환하기 위해서는 소비자가 사용을 꺼리는 제품일수록 재활용 플라스틱을 오히려 더 적극적으로 사용해야 한다. 그렇게 해야 재활용 플라스틱에 대한 소비자들의 부정적 인식을 전환하는 데 기여할 수 있다.

만약 재활용 자원으로 제품을 만든다고 했을 때 사람들이 가장 꺼려할 제품은 무엇일까? 아마 유아용 완구제품일 것이다. 아기나 어린아이들은 장난감을 입으로 무는 경우가 많기 때문에 부모들은 가장 깨끗하고 안전한 소재로 만든 장난감을 사주려고 한다. 그래서 재활용 플라스틱을 유아용 완구에 사용하는 것은 쉽게 상상하기 어렵다. 하지만 이런 생각을 바꾼 기업이 있다. 바로 그린토이즈

Green Toy's라는 완구 회사다. 그린토이즈는 버려진 플라스틱 우유통 HDPE을 재활용해서 유아용 장난감을 만든다. 시장성이 없을 것 같지만 미국 유아 완구 시장에서 가장 인기 있는 장난감 브랜드 중 하나로 한국에서도 판매되고 있는 글로벌 브랜드다. 그린토이즈 장난감이 큰 성공을 거둘 수 있었던 이유는 이들이 만드는 장난감이 안전하기 때문이다. 그린토이즈는 BPA나 프탈레이트 같은 건강에 해로운 성분이 포함되어 있지 않은 깨끗한 재활용 플라스틱만 사용한다. 그린토이즈의 이런 노력은 재활용 플라스틱에 대한 소비자의 인식 전환에 크게 기여한다.

걸프렌드 콜렉티브Girlfriend Collective라는 요가복 브랜드도 재활용 플라스틱에 대한 인식을 전환한 좋은 사례다. 걸프렌드 콜렉티브는 2016년에 만들어진 신생 요가복 브랜드임에도 불구하고 현재 미국 애슬레저Athleisure 시장에서 가장 핫한 브랜드 가운데 하나다. 흥미로운 사실은 걸프렌드 콜렉티브의 요가복이 모두 재활용 폴리에스터를 사용해서 만든다는 점이다. 요가복은 피부에 밀착되기 때문에 재활용 플라스틱으로 만든 요가복에 거부감을 느끼는 소비자들이 많을 수 있다. 하지만 걸프렌드 콜렉티브는 매력적인 디자인과 우수한 착용감, 그리고 저렴한 가격으로 요가복을 만듦으로써 사람들로 하여금 재활용 플라스틱을 자연스럽게 받아들일 수 있게 했다. 또한 제품의 포장도 재활용된 재생 용지를 사용하고, 세탁할 때 미세 플라스틱을 걸러주는 세탁망과 세탁기용 필터도 판매한다. 이처럼 걸프렌드 콜렉티브는 자신들이 판매하는 제품 전반에 걸쳐서 플라스틱 순환을 위해 노력하는 브랜드다.

기업이 하나의 제품을 재활용 플라스틱을 사용해서 만든다고 해서 세상이 달라지지는 않는다. **환경 문제에 기여하고자 한다면 자신이 만들고 판매하는 모든 제품과 포장재 전반에 걸쳐 재활용 플라스틱을 사용해야 한다.** 기술적으로 어렵다면 연구를 통해 방법을 찾아야 하고, 소비자의 부정적 인식이 문제라면 인식을 변화시키려고 노력해야 한다. 홍보를 목적으로 진행하는 마케팅이 아니라 환경 보호를 위한 진정성 있는 노력이라면 소비자들은 분명 이런 기업을 알아줄 것이다.

버려진 우유통으로 유아용 장난감을 만들다, 그린토이즈

모든 부모는 자녀에게만은 세상에서 가장 안전하고 깨끗하고 좋은 것만 주고 싶어 한다. 그렇기 때문에 버려진 플라스틱으로 만든 제품이라고 하면 부모의 선호도가 떨어질 수 있다. 그린토이즈는 이런 생각을 완전히 바꾼 브랜드다.

그린토이즈는 로버트 본 고벤Robert von Goeben과 그의 오랜 친구인 로리 하이맨Laurie Hyman이 2007년 미국 샌프란시스코에 만든 장난감 회사다. 고벤은 장난감 발명가였고, 하이맨은 두 어린 딸을 가진 엄마였다. 두 사람은 아이들의 건강에 해롭지 않은 친환경 장난감을 만들고 싶었다. 아이들 장난감은 대부분 플라스틱으로 만들어져 장난감에서 납 성분이나 환경호르몬인 BPA 등이 검출된 사례가 종종 있었기 때문이다. 그래서 많은 부모들은 아이들의 장난감을 선택할 때 안전성을 가장 중요하게 고려한다. 그린토이즈는 그런 부모들을 위해 가장 안전한 장난감을 만든 것이다.

그린토이즈의 장난감은 BPA나 프탈레이트와 같이 아이들의 건강에 해로운 성분을 포함하지 않는다. 모든 장난감이 금속 볼트나 배터리 없이 만들어져 어린 유아들이 가지고 놀기에도 안전하다. 게다가 가격도 적당하다. 그린토이즈의 인기 제품 가운데 하나인 비행기는 2020년 8월 기준으로 아마존에서 9.29달러(약 11,000원)에 판매되고 있다. 아이들 장난감의 일반적인 가격대를 생각해보면 전혀 비

사진 김명구

그린토이즈 장난감은 BPA나 프탈레이트와 같은 환경호르몬을 포함하지 않은 안전한 장난감을 만든다. 우유통 소재인 HDPE로 만들어지기 때문에 PVC로 만든 제품에 비해 감촉도 좋다. 제품의 포장 상자도 100% 재생 용지를 사용한다.

싸지 않은 가격이다. 아마존의 제품 리뷰를 보면 그린토이즈 장난감 대부분이 별 다섯 개 중 다섯 개 만점을 받을 정도로 많은 부모들에게 큰 사랑을 받고 있다.

더 놀라운 것은 그린토이즈의 장난감이 100% 재활용 플라스틱으로 만들어진다는 점이다. 미국에서는 우유 용기로 종이보다 HDPE 소재의 플라스틱 용기가 많이 사용되는데, 그린토이즈는 버려진 HDPE 우유통을 재활용해서 장난감을 만든다. 여기서 HDPE를 재활용한다는 점이 중요하다. 재활용 HDPE는 주로 건축 자재나 화학용품 용기의 재료로 만드는 데 사용되기 때문에 합성 섬유를 만드는 데 이용되는 재활용 페트와는 다르게 소비재 시장에서 재활용 HDPE에 대한 수요가 많지 않다. 그린토이즈는 이런 HDPE를 사용함으로써 재활용 HDPE에 대한 수요를 만들어내고 있다. 무엇보다 소비자가 이용한 플라스틱을 다시 소비자가 이용할 수 있는 제품으로 재탄생시켰다는 점에서 HDPE의 진정한 순환성이라 할 수 있다. 2020년 기준으로 그린토이즈가 재활용한 우유통의 수는 1억 개에 달한다. 제품의 포장 상자도 100% 재생 용지를 사용해 만듦으로써 그린토이즈는 모든 제품을 100% 재활용 소재로 만들고 있다.

많은 부모들은 자신의 아이에게 플라스틱 폐기물을 재활용해서 만든 장난감을 사주는 것을 꺼릴 것이다. 하지만 그린토이즈는 오히려 버려진 플라스틱으로 그 어떤 장난감보다 안전한 장난감을 만들었다. 이런 그린토이즈의 노력은 사람들이 가진 재활용 플라스틱에 대한 인식 전환에 크게 기여하고 있다. 재활용 플라스틱으로 만든 장난감을 자신의 아이에게 사줌으로써 재활용 플라스틱의 안전성과 가치에 대해 사람들 스스로 깨달을 수 있도록 한 것이다. 무엇보다 그린토이즈의 장난감은 그 자체로도 상품성이 뛰어나 재활용 플라스틱으로 만들어졌다는 사실을 모르는 사람들에게도 많이 판매되며 큰 사랑을 받고 있다.

페트병으로 만든 요가복,
걸프렌드 콜렉티브

외투나 가방과 같은 제품은 사람의 피부와 직접적인 접촉이 적은 제품으로 재활용 플라스틱으로 만든다고 해도 사람들의 거부감이 크지 않다. 그렇다면 사람 피부와 직접 접촉하는 제품은 어떨까? 가령, 요가나 필라테스를 할 때 입는 레깅스를 재활용 플라스틱으로 만든다면 잘 팔릴 수 있을까? 많은 기업들은 직접적인 피부 접촉이 많은 제품에 재활용 플라스틱을 사용하는 것을 꺼린다. 소비자들이 싫어할 것이라고 생각하기 때문이다. 하지만 이런 생각을 깨뜨린 브랜드가 있다. 바로 걸프렌드 콜렉티브다.

걸프렌드 콜렉티브는 여성용 애슬레저 브랜드다. 애슬레저란 운동Athletic과 여가Leisure를 합친 말로 요가복이나 러닝복과 같은 운동복을 일상복으로 입고 다니는 새로운 문화를 말한다. 애슬레저 브랜드 가운데 가장 유명한 브랜드는 애슬레저 문화의 창시자라고도 할 수 있는 룰루레몬Lululemon일 것이다. 룰루레몬의 성공 이후 수많은 브랜드가 애슬레저 시장에 뛰어들었지만, 룰루레몬만큼 성공을 거둔 브랜드는 없다. 하지만 최근 걸프렌드 콜렉티브가 룰루레몬의 경쟁자로 급부상하면서 새롭게 주목받고 있다.

걸프렌드 콜렉티브는 캐나다 출신 부부 쾅 딘Quang Dinh과 엘리 딘Ellie Dinh이 친환경적이고 윤리적인 기준에 맞는 요가복을 만들기 위해 미국 시애틀에 설립한 회사다. 걸프렌드 콜렉티브는 오프라인 매장 하나 없이 온라인으로만 운영된다. 그런데도 후발주자 가운데 가장 빠른 속도로 많은 고객을 확보하면서 룰루레몬의 경쟁자로 성장할 수 있었던 것은 2017년에 실시한 프로모션 덕분이다. 걸프렌드 콜렉티브는 사람들이 SNS에 걸프렌드 콜렉티브의 포스트를 게시하면 80달러의 레깅스를 무료로 보내주는 프로모션을 진행했다. 이 프로모션을 진행한 첫날에만 1만 건의 주문이 들어왔고, 이틀 만에 걸프렌드 콜렉티브의 페이스북 페이지가 다운되었다. 이 프로모션이 온라인상에서 엄청난 입소문을 만들어내면서 애슬레저 시장에서 걸프렌드 콜렉티브의 인지도가 크게 올라가는 계기가 되었다. 하지만 이런 입소문보다 중요한 것은 이 프로모션을 통해 걸프렌드 콜렉티브를 알게 된 많은 고객들이 걸프렌드 콜렉티브의 친환경적이고 윤리적인 브랜드 철학을 보고 브랜드의 팬이 되었다는 점이다.

걸프렌드 콜렉티브는 애슬레저 시장의 파타고니아를 지향한다. 이들은 자신들의 옷이 윤리적인 기준을 준수하며 만들어지도록 노력하고 그 과정을 투명하게 공개한다. 브랜드 모델도 다양한 인종, 다양한 체형, 다양한 나이의 사람들을 뽑는다. 하지만 가장 중요한 것은 걸프렌드 콜렉티브의 옷들은 재활용 플라스틱을 사용해서 만든다는 것이다. 이들의 레깅스는 79%의 폴리에스터와 21%의 스판덱스를 사용해서 만드는데, 79%의 폴리에스터는 전부 버려진 플라스틱 용기를 재활용해서 사용한다. 하나의 레깅스를 만드는 데 25개의 일회용 플라스틱 용기가 사용된다. 나일론이 사용된 제품은 버려진 낚시 그물망을 재활용한 나일론을 사용한다. 섬유의 염색도

New!　　Shop　　About　　　　　girlfriend　　　　　Search　　My Account　　Cart (0)

Waste not

Sustainably and ethically made from recycled water
bottles and love.

SHOP NOW

🍶 **1,761,852**
water bottles
recycled

☁️ **1,680,297**
lbs of CO2
prevented

💧 **3,439,024**
gallons of water
saved

걸프렌드 콜렉티브는 재활용한 폴리에스터와 나일론 등을 사용해 요가복을 만들 뿐만
아니라 친환경적인 염색법, 미세 섬유 필터 판매 등 제품 전반에 걸쳐 환경을 생각하는
브랜드다.

친환경적 염색 방법을 이용하고 염색 후 발생하는 찌꺼기도 재활용한다. 이뿐만 아니라 레깅스를 세탁하는 과정에서 미세 플라스틱이 하수로 방출되는 것을 막기 위해 세탁기에 설치할 수 있는 미세 섬유 필터와 세탁망을 판매하고 있다. 폴리에스터로 만든 옷들은 세탁할 때 많은 양의 미세 플라스틱을 배출한다. 아무리 재활용 플라스틱을 사용한 옷이라고 하더라도 세탁을 자주 하게 되면 환경에 좋지 않은 영향을 줄 수밖에 없다. 이러한 문제를 해결하기 위해 걸프렌드 콜렉티브는 세탁 시 요가복에서 미세 플라스틱이 방출되지 않게 하는 세탁망과 세탁기 배수관에 연결해서 사용하는 필터를 판매한다.

레깅스는 의류 중에서도 피부와 직접적인 접촉이 많은 제품이다. 일단 몸에 꽉 조이는 형태로 운동 중에 많은 땀을 흡수하기 때문에 재활용 플라스틱을 사용하기에는 적합하지 않은 제품이라고 생각할 것이다. 하지만 걸프렌드 콜렉티브의 레깅스는 이러한 인식을 깨고 재활용 플라스틱을 사용해도 많은 사람들에게 사랑받는 레깅스를 만드는 것이 가능하다는 것을 보여줬다. 결국 어떤 제품이든 상품성이 뛰어나면 재활용 플라스틱으로 만들어도 많은 사람들이 제품을 쉽게 수용하고 재활용 플라스틱에 대한 사람들의 인식까지 바꿔 플라스틱 순환에 크게 기여하게 된다.

과정성:
생산 과정과 운영 방식을 개혁하라

모든 제품은 일련의 과정을 통해 만들어진다. 원료를 가공하고, 원하는 형태로 변형하고, 재료를 조립하거나 재단하는 과정을 거친다. 그런데 이 과정에서 수많은 자원이 낭비되고 버려진다. 플라스틱을 제대로 순환하기 위해서는 생산 과정에서부터 자원의 사용을 줄이고 발생하는 부산물을 자체적으로 재활용하는 노력이 수반되어야 한다. 더불어 기업의 운영에서도 에너지 사용을 줄이고 일회용품 사용을 줄이기 위한 노력이 필요하다. 이러한 실천 없이 재활용 플라스틱을 사용한 제품을 만드는 것은 반쪽짜리 노력에 불과하다. 환경을 보호하고자 한다면 기업 내부에서도 자원을 순환하려고 노력해야 한다.

대표적 친환경 기업인 파타고니아를 살펴보자. 파타고니아는 제품에 재활용 자원을 가장 많이 사용하는 기업 가운데 하나다. 2020년 기준으로 파타고니아 제품의 68%가 재활용 자원을 사용하고 있다. 그런데 더 인상적인 부분은 제품의 생산 과정에서도 환경 피해를 줄이기 위해 최선의 노력을 하고 있다는 점이다.

파타고니아는 합성 섬유 염색에 솔루션 염색이라는 방식을 사용한다. 일반적인 염색 방법은 염색 과정에서 많은 물을 사용하고, 환경에 좋지 않은 화학물질을 방출한다. 이를 막기 위해서 파타고니아는 옷을 염색하는 것이 아니라 합성 섬유의 원료가 되는 플라스틱 자체에 미리 색을 넣는 방법을 택했다. 아직은 전 제품에 솔루션 염색이 사용되는 것은 아니지만 적용 제품의 범위를 늘려나가고 있으며, 보다 친환경적인 염색 기술을 찾기 위해 꾸준히 노력하고 있다. 제작 과정에서 발생하는 부산물도 적극적으로 재활용하는데, 울이나 캐시미어 제품의 경우 제작 과정에서 나오는 부산물과 반품된 제품을 적극 재활용한다. 이외에도 제품의 제작 과정 전반에 있어서 자원 사용을 줄이고 관련 연구에 대한 투자도 많이 한다.

상품성의 원칙에서 예로 든 이케아도 보이지 않는 부분에서 환경 보호를 위해 노력하는 기업이다. 이케아의 목재 가구들이 종이로 만들어진다는 사실은 많은 사람들이 알고 있을 것이다. 이케아는 두 장의 얇은 목재 합판 사이를 물결 모양의 카드보드 종이로 지탱하는 방식으로 가구를 만든다. 이 방식은 가구 생산에서 목재의 사용을 최소화하며 버려진 가구가 쉽게 재활용될 수 있도록 해준다. 최근에는 가구의 이동과 보관에 사용하는 팔레트도 종이로 교체했다. 일반적으로 팔레트는 플라스틱이나 목재로 만들어지는데, 이를 재생 종이로 대체함으로써 자원의 사용을 크게 줄인 것이다. 또한 가구 조립에 필요한 부품 수를 줄임으로써 부품 생산에 필요한 물과 에너지 사용량을 줄이고, 버려지는 포장재를 최소화하기 위해 더 납작하게 포장될 수 있도록 가구 디자인을 계속해서 개선해나가고 있다. 2020년에 새로 선보인 소파의 경우, 부품 수를 122개에서 13개로 획기적으로 줄이기도 했다.

환경 문제에 있어서는 나이키도 모범적인 사례다. 많은 사람들은 나이키를 친환경 기업이라고 인식하지 않는다. 하지만 나이키는 플라스틱 순환에 가장 앞장서고 있는 기업 가운데 하나다. 나이키 제품 중 플라이니트Flyknit 런닝화는 달리기를 즐기는 사람이라면 누구나 알고 있는 인기 제품이다. 가볍고 착용감이 좋아서 한국에서도 큰 인기를 얻고 있다. 이 제품에는 플라이니트라는 나이키의 혁신적인 신발 제작 기법이 사용된다. 기존의 런닝화는 천이나 가죽을 재단하고 붙여서 만들었다면, 플라이니트 런닝화는 신발 전체(바닥 제외)를 실로 만든다. 이 방식은 일반적인 방식에 비해 신발 제조 과정에서 발생하는 부산물을 60%나 줄일 수 있다.

파타고니아, 이케아, 그리고 나이키는 전 세계적으로 많은 팬을 보유한 브랜드다. 이들은 사람들이 원하는 좋은 제품을 만들 뿐 아니라 환경 보호에 있어서도 최선의 노력을 다하고 있다. 단지 마케팅적으로만 환경 보호를 외치는 것이 아니라 소비자에게 드러나

지 않는 생산 과정이나 기업 운영에 있어서도 자원의 사용을 줄이고 환경에 미치는 영향을 최소화하려고 노력한다. 이런 노력이 있었기에 이들 브랜드가 지금의 강력한 팬덤을 구축할 수 있는 것이다.

브랜드가 삼아야 하는 최고의 목표는 소비자의 마음을 얻는 것이다. 소비자의 일시적인 관심이나 흥미가 아닌 진심 어린 애정을 얻어야 한다. 그러기 위해서는 소비자에게 드러나는 것뿐만 아니라 잘 보이지 않는 곳에서도 진실하고 일관성 있는 모습을 보여야 한다. 특히 환경 문제에 기여하고자 하는 기업이라면 소비자들에게 기업의 이미지를 어떻게 좋게 만들 수 있을지를 고민해서는 안 된다. **오로지 제품을 만들고 판매하는 모든 과정에서 자원의 사용을 줄이기 위한 노력에 집중해야 한다.** 그러면 소비자는 커다란 애정으로 보답할 것이다.

지구를 지키기 위해 사업하는, 파타고니아

자원 순환에 있어서 가장 모범적인 브랜드라고 할 수 있는 파타고니아는 브랜드 미션 선언문이 "우리는 지구를 지키기 위해 사업을 한다"일 정도로 환경 보호를 위해 끊임없이 노력하는 기업이다. 1993년부터 재활용 플라스틱을 사용해서 외투나 가방 등을 만들었을 만큼 의류 브랜드 가운데 재활용 플라스틱을 가장 먼저 그리고 가장 많이 사용하고 있는 기업이기도 하다. 또한 재활용 자원을 사용했다는 점을 홍보하지 않는 브랜드다. 재활용 소재로 만든 제품과 그렇지 않은 제품을 특별히 구분하지 않아 플라스틱으로 인한 환경 오염 문제에 크게 관심을 두지 않는 사람들도 자연스럽게 재활용 자원으로 만든 옷을 구입하게 만든다.

그런데 아무리 재활용한 플라스틱 용기로 만든 제품이더라도 제품의 사용 기한이 짧으면 환경 보호에 기여하는 바는 제한적일 수밖에 없다. 그렇기 때문에 제품의 내구성은 플라스틱 문제 해결에 중요한 역할을 한다. 여기에 파타고니아만의 특별함이 있다. 파타고니아는 자신들의 기술력으로 만들 수 있는 가장 튼튼한 제품을 100% 재활용 플라스틱으로 만들어서 실질적으로 플라스틱 문제 해결에 기여하고 있다.

파타고니아의 '블랙홀' 라인이 대표적이다. 이 가방은 두꺼운 합성 섬유를 사용해서 만드는데, 가방 외부에는 폴리우레탄으로 방수 처리가 되어 있어서 매우 튼튼하다. 내구성이 뛰어나 아웃도어 활동을 하는 사람이라면 누구나 갖고 싶은 가방이다. 매 시즌 선보이는 가방마다 1천만 병에 달하는 일회용 플라스틱 용기들이 재활용되고 있다.

환경을 위한 파타고니아의 노력 가운데 가장 놀라운 점은 제품이 아니라 제품을 만드는 과정이다. 최근 많은 아웃도어 브랜드들이 적극적으로 재활용 플라스틱을 제품에 도입하고 있다. 아웃도어 용품 구매자 가운데 환경 보호에 관심 있는 사람들이 많다 보니 친환경을 내세워 브랜드의 경쟁력을 높이려는 모습이다. 하지만 제품의 생산 과정을 들여다보면 여전히 파타고니아와는 큰 차이가 있다. 파타고니아는 소비자에게 드러나지 않는 생산 과정에서도 환경 보호를 위해 노력하는 뼛속까지 친환경적인 기업이다.

파타고니아는 제품의 생산 과정에서 사용하는 독한 화학물질이 환경에 끼치는 피해를 줄이기 위해 독성이 덜한 염료를 사용해 원단을 염색한다. 합성 섬유의 경우 원단을 염색하는 대신 원단의 원료가 되는 플라스틱 펠릿에 미리 색을 넣는 솔루션 염색 방식을 사용한다. 면 제품은 유기농 면사만 사용하는데, 소비자 건강을 위해서 유기농 면사를 사용하는 것이 아니라 이 역시 환경 보호를 위함이다. 목화 농장은 재배 과정에서 많은 살충제와 화학 비료를 사용하기 때문에 토양을 파괴하고 강과 바다를 오염시킨다. 파타고니아는 목화 재배가 환경에 주는 피해를 막기 위해 화학 약품을 전혀 사용하지 않는 유기농 농장에서만 목화를 공급받는다. 울 제품의

파타고니아 블랙홀 백팩은 재활용 폴리에스터로 가방의 몸통을 만들고 재활용 나일론으로 바느질을 하는 등 가방 전체에 재활용 플라스틱을 사용했을 뿐 아니라 외부는 폴리우레탄으로 방수 처리해 높은 내구성을 자랑한다.

내가 가지고 있는 파타고니아의 플리스 재킷이다. 태그(아래)를 보면 옷의 트림 부분을 제외하고는 전체가 재활용된 폴리에스터를 사용해 만들어졌다는 것을 알 수 있다.

경우에도 양의 복지와 토양 보호에 대한 파타고니아의 높은 기준을 만족시키는 목장에서만 울을 공급받는다.

이처럼 파타고니아는 제품의 직접적인 생산 과정뿐 아니라 제품의 원재료를 공급하는 농장이나 목장의 환경 피해까지도 줄이기 위해 노력한다. 또한 자신들의 제품이 혹여나 환경에 피해를 주는지 알기 위해 제품이 환경에 미치는 영향에 대해 지속적으로 조사하고 외부 기관을 통해 평가받는다. 많은 사람들이 알고 있는 재활용 플라스틱으로 만든 플리스 재킷은 파타고니아의 환경 보호를 위한 노력의 아주 작은 일부분에 불과하다. 파타고니아는 기업 내부를 들여다볼수록 더 존경할 수밖에 없는 기업이다.

신발 제조 방식의 혁명, 나이키

운동화는 제조 과정에서 많은 부산물이 발생한다. 특히 기능성 운동화들이 더 그렇다. 기능성 운동화는 운동화 상부, 에어솔, 고무 깔창, 밑창 등 요소별로 재질이 다르기 때문에 생산 과정에서 다양한 부산물이 발생할 수밖에 없다. 이 부산물들은 대부분 땅에 매립되거나 소각되는데, 기능성 운동화를 많이 생산하는 나이키는 생산 과정에서 발생하는 운동화의 부산물을 줄이기 위해 새로운 제조 방식을 개발했다.

가장 대표적인 것이 플라이니트라는 나이키의 혁신적인 제조 기법이다. 운동화는 여러 장의 원단을 이어 붙인 형태로 만들어진다. 그런데 나이키의 플라이니트는 원단을 이어 붙이지 않고, 원사를 바로 직조해서 신발의 상부를 만든다. 원사를 발 모양으로 직조하기 때문에 플라이니트 신발은 마치 두꺼운 양말을 신은 것처럼 발에 빈틈없이 잘 맞고 높은 편안함을 제공한다. 더욱 중요한 것은 원단을 잘라서 붙인 신발에 비해 원재료가 60%나 덜 사용된다는 점이다. 게다가 플라이니트에 사용되는 원사도 나이키의 제조 과정에서 발생하는 플라스틱 부산물과 버려진 플라스틱병을 재활용해서 만든다.

나이키 플라이니트가 처음 선보인 것은 2012년 런던 올림픽이다. 당시만 하더라도 나이키의 새로운 신발 제조 기법에 의구심을

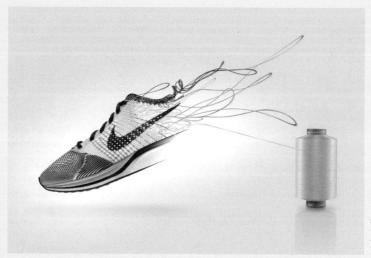

출처: 나이키

나이키 플라이니트는 원사를 직접 직조해서 신발의 상부를 만든다. 기존 제조 방식과 비교해 원재료를 60%나 절감할 수 있다.

가진 사람들이 많았다. 기존 방식으로 만든 신발보다 성능이나 내구성이 떨어질지도 모른다는 우려가 컸다. 하지만 나이키의 플라이니트는 런던 올림픽 마라톤 선수들이 사용하면서 성능을 입증받았고, 그 후 미국 프로농구의 전설 코비 브라이언트Kobe Bryant의 농구화와 월드컵에 출전하는 축구 선수들의 축구화에 적용되었다. 그리고 이제는 다양한 나이키 제품들에 두루 사용되고 있다. 취미로 달리기를 하는 사람들 사이에서 가장 인기 있는 런닝화 가운데 하나인 나이키의 인피니티 런 시리즈도 플라이니트가 적용된 제품이다.

2017년에는 플라이레더Flylether라는 친환경 합성 가죽도 선보였다. 플라이레더는 가죽과 섬유를 합성해서 만드는데, 원재료의 50%가 재활용된 가죽이다. 자투리 가죽을 재활용해서 새로운 가죽을 만든 것이다. 또한 제조 과정에서 사용한 물의 양도 일반 가죽 제조 과정과 비교해서 90%나 적다. 그런데도 일반 가죽 제품보다 내구성이 다섯 배나 높다. 즉, 자투리 가죽을 재활용해서 기존 가죽보다 더 오래 사용할 수 있는 가죽을 만든 것이다. 아직은 플라이레더가 적용된 제품이 많지는 않지만 에어 포스 1이나 조던 시리즈 등 나이키의 인기 라인 일부 제품들에 플라이레더가 적용되고 있다.

이외에도 나이키는 운동화 생산 과정에서 발생하는 부산물을 활용할 수 있는 방법을 계속 찾아내고 있다. 나이키 에어 베이퍼맥스 2020 제품의 경우, 운동화 바닥 대부분이 에어 형태로 되어 있는데 이 에어솔의 75%가 재활용 플라스틱이다. 생산 과정에서 발생한 플라스틱 부산물과 버려진 플라스틱병을 이용해서 만든다. 플라이니트 방식으로 만든 운동화 상부는 67%가 재활용 플라스틱으로 되어 있고, 신발 밑창도 50%가 재활용 자원을 사용해서 만들어지며 뒷굽에 덧붙인 TPU(열가소성 폴리우레탄)도 재활용 TPU 비율이 60%다. 신발 바닥에 사용하는 고무도 나이키 그라인드^{Nike Grind} 프로그램(고객이 버린 신발을 수거해서 재활용하는 프로그램)을 통해 재활용된 고무가 사용되고 있다.

이처럼 운동화를 구성하는 모든 요소에 나이키가 생산 과정에서 발생시킨 부산물과 소비자가 버린 플라스틱이 사용되고 있다. 하지만 그렇다고 해서 나이키가 이 제품의 친환경적 성격을 강조하지는 않는다. 이 운동화는 한국에서도 큰 인기를 얻고 있는 제품이지만 대부분의 소비자는 이 제품이 재활용 자원을 이처럼 많이 사용해서 만든다는 사실을 알지 못한다. 즉, 마케팅적으로 친환경을 외치는 제품이 아니라 나이키 스스로 환경에 미치는 영향을 줄이려는 노력이 담긴 제품인 것이다.

자급성:
재활용 자원을 스스로 공급하라

최근 재활용 플라스틱 원재료를 생산하는 업체들이 국내외에 늘어나기 시작하면서 고품질의 재활용 플라스틱을 구입하는 것이 과거에 비해 수월해지고 있다. 하지만 그렇다고 해서 새 플라스틱을 구입하듯이 재활용 플라스틱을 손쉽게 구입하려고 하는 것은 바람직하지 않다. **플라스틱 순환의 진정한 의미는 자신이 사용한 플라스틱을 직접 수거해서 새 제품을 만드는 데 사용하는 것이다.** 즉, 기업이 사용할 재활용 자원을 스스로 공급하는 것이 가장 이상적이다. 쉽게 구입할 수 있는 재활용 플라스틱은 대부분 외국에서 수입한 플라스틱 폐기물을 재활용해서 만들기 때문에 자국의 환경 문제를 해결하는 데에는 큰 도움이 되지 않는다. 자국의 환경 문제에 기여하기 위해서는 자국 내에 버려진 플라스틱을 수거해 사용할 재활용 자원을 스스로 공급하는 자급성의 원칙이 필요하다.

자급성 원칙에는 두 가지 방식이 있다. 하나는 자신이 판매한 플라스틱 용기와 포장재, 제품을 직접 수거하는 것이고, 다른 하나는 판매자와 상관없이 자연에 버려진 플라스틱을 수거하는 것이다. 최근에는 매장 안에 폐용기 수거함을 비치하거나 소비자에게 우편을 통해 사용한 용기를 반납하게 하는 등 자신들이 판매한 제품을 다시 수거하기 위한 수거 시스템을 도입하는 기업들이 점차 늘고 있다. 나이키는 미국 일부 매장에서 버려진 나이키 운동화를 수거하고 있고, 미국의 여성복 브랜드 아일린 피셔는 안 입는 자사 브랜드 옷을 가지고 오면 고객에게 5달러의 상품권을 지급한다. 한국의 아모레퍼시픽도 매장에서 빈 용기 회수 프로그램을 시행하고 있다.

이런 수거 시스템이 중요한 이유는 분리배출된 플라스틱 용기들이 제대로 재활용되지 못하는 원인 가운데 하나가 수많은 종류의 플라스틱이 한데 섞여서 재활용업체로 보내지기 때문이다. 재활용업체 입장에서는 플라스틱을 종류별로 다 선별할 수 없기 때문에 대부분의 플라스틱 용기를 소각하거나 땅에 매립한다. 그런데 기업이 자신이 판매한 플라스틱 용기를 직접 수거하게 되면 이러한 복잡한 과정 없이 동일한 소재로 된 플라스틱을 쉽게 선별할 수 있으므로 플라스틱 재활용에 큰 도움이 된다.

하지만 매장을 이용한 수거 시스템은 소비자들이 매장까지 버릴 용기나 제품을 직접 들고 가야 해서 참여율이 낮다. 게다가 코로나19와 온라인 구매의 편리성으로 매장을 방문하는 사람들이 크게 줄어들면서 매장을 플라스틱 수거 공간으로 활용하는 것이 더욱 어려워지고 있다. 참여율이 낮다면 수거 시스템은 무의미하다. 많은 기업들은 자신들이 수거 시스템을 마련했다는 사실 자체를 언론에 크게 홍보하지만, 실제 수거율이 낮다면 이는 기업 홍보를 위한 마케팅 수단일 뿐 플라스틱 순환에는 도움이 되지 않는다. 수거 시스템이 플라스틱 순환에 기여하기 위해서는 수거 시스템에 대한 소비자의 참여율을 높여야 한다.

　매장 수거함에 대한 대안으로 우편 서비스를 생각해볼 수 있다. 미국의 환경 기업 테라사이클TerraCycle의 경우 소비자가 매장에 방문할 필요 없이 플라스틱 폐기물을 브랜드별로 구분해 직접 우편으로 보낼 수 있는 서비스를 제공하고 있다. 예를 들어 질레트 면도기를 쓰는 소비자는 다 쓴 질레트의 일회용 면도기들을 모아서 집에 있는 봉투나 박스에 담아 우편으로 보내면 된다. 현재 미국 암앤해머, 브리타, BIC, 콜게이트, 페브리즈, 거버, 질레트, 펩시, P&G 등 많은 기업들이 테라사이클의 우편 서비스에 참여하고 있다. 테라사이클이 우편 요금을 부담하기 때문에 소비자들이 내야 할 추가 비용은 없다. 하지만 플라스틱 폐기물을 브랜드별로 봉투나 상자에 담아 우편으로 보내는 것 역시 소비자에게 많은 노력을 요구하는 일이다. 간단한 편지 한 통 보내기도 시간을 내야 할 정도로 바쁜 현대인들에게 플라스틱 폐기물을 브랜드별로 모아서 우편으로 보내기를 기대하는 것은 현실적으로 어려운 일이다.

출처: 테라사이클

가입   수거   프린트   배송

테라사이클은 소비자들이 다 쓴 플라스틱을 되돌려 보낼 수 있는 서비스를 제공하고 있다. 하지만 브랜드별로 모아서 우편으로 보내야 하는 번거로움이 있다.

기업이 자체적으로 수거 시스템을 갖추고자 한다면, 단순히 매장에 수거함을 배치하거나 우편으로 받는 것을 넘어서 수거율을 높이기 위한 추가적인 노력이 필요하다. 정해진 방법이 있는 것은 아니지만 한국 기업들의 뛰어난 마케팅 능력을 고려할 때, 참여율을 높일 수 있는 창의적인 해결책을 쉽게 찾아낼 수 있을 것이라 생각한다. 수거 시스템의 확산을 위해서는 일시적일지라도 소비자들에게 금전적 인센티브를 제공하거나 택배 서비스를 통해 소비자가 있는 곳으로 직접 방문하는 방법도 있다. 실제로 네스프레소의 경우, 사용한 커피 캡슐을 소비자가 집 앞에 놓아두면 직접 수거해가는 서비스를 제공하고 있다. 방법은 다양하다. 중요한 것은 수거 시스템이 아니라 참여율이다. 플라스틱을 순환하기 위해서는 참여율이 높은 수거 시스템을 구축해야 한다.

재활용 플라스틱을 공급하는 또 다른 방법은 자연에 버려진 플라스틱을 직접 수거하는 것이다. 세정용품 브랜드인 메소드의 경우, 오션 플라스틱으로 제품을 만들기 위해 환경 단체와 함께 하와이 바닷가에 버려진 플라스틱을 직접 수거하고 있고, 아디다스는 환경 단체 팔리와 협력해 바닷가에 버려진 플라스틱을 수거해서 신발을 만든다. 이처럼 자신들의 제품에 사용할 재활용 플라스틱을 직접 수거하는 것은 플라스틱의 내부적 순환성을 높여주는 동시에 환경 문제에 직접적으로 기여한다는 중요한 의미를 가진다.

한국의 경우, 자국 내에서 수거한 플라스틱 폐기물이 수입 폐기물보다 상태가 좋지 않은 경우가 많아서 재활용 플라스틱 생산 업체들이 수입한 플라스틱 폐기물을 주로 사용한다. 그래서 한국 기업들에게 자급성은 어려운 일처럼 느껴질 수 있다. 하지만 앞서 언급한 메소드와 같이 한국에서도 이런 시도가 이미 이뤄지고 있다. 재활용 플라스틱을 사용해서 니트 가방을 만드는 플리츠마마는 2020년에 '플리츠마마 제주컬렉션'을 선보였다. 이 컬렉션은 제주도에서 수거한 플라스틱 폐기물만 사용해 재활용 원사를 추출했다. 이는 한국에서 수거한 플라스틱 폐기물만으로도 고품질의 재활용 자원을 만들어낼 수 있다는 것을 보여준다.

헌 옷으로 새 옷을 만드는 디자이너,
아일린 피셔

패션 산업은 플라스틱으로 인한 환경 오염 문제에 가장 큰 책임이 있는 산업 가운데 하나다. SPA 혹은 패스트패션 브랜드들은 오래 입을 수 있는 옷보다 유행에 따라 잠깐 입고 버리는 패스트푸드 같은 옷으로 큰 성공을 거뒀다. 하지만 패스트패션 브랜드의 옷들은 유행이 지나면 쉽게 버려지기 때문에 많은 폐기물을 만들어 낸다. 자료에 따르면 패스트패션 브랜드의 반 이상이 구입 후 1년 후에 버려지며,[3] 15년 전과 비교해 구입한 옷을 착용하는 횟수가 36%나 줄었다고 한다.[4] 앨런 맥아더 재단의 보고서에 따르면 옷 제작에 사용된 섬유 가운데 87%가 제작 과정이나 판매 후에 땅에 매립되거나 소각되며, 새 옷을 만드는 데 재활용되는 섬유의 비율은 1%에 불과하다고 한다.[5]

패션 산업의 이런 현실 속에서 환경 보호의 선구자로 평가받는 디자이너가 있다. 아일린 피셔다. 그녀는 자신의 이름을 딴 여성복 브랜드 '아일린 피셔'를 운영하고 있으며, 아일린 피셔는 현재 여성복 시장에서 가장 친환경적인 브랜드로 인식되고 있다.

아일린 피셔 브랜드는 옷을 생산하는 모든 과정에서 환경 보호와 자원의 순환성을 중요하게 여긴다. 우선 제품의 디자인을 보자. 아일린 피셔는 유행을 타지 않는 디자인을 추구한다. 그녀가 디자인하는 옷은 10년 전이나 지금이나 스타일에 큰 차이가 없다. 이런 모습은 현대 패션 산업의 기준에서 보면 시대에 뒤떨어지고 경쟁력이 떨어진 것처럼 보일 수 있다. 그런데도 그녀가 스타일을 바꾸지 않는 데에는 큰 이유가 있다. 바로 옷이 쉽게 버려지는 것을 막기 위해서다. 지금 패션 산업의 가장 큰 문제는 유행이 너무 빠르게 변하다 보니 사람들이 옷을 너무 쉽게 사고 쉽게 버린다는 점이다. 심지어 한두 번밖에 입지 않은 옷을 버리는 경우도 많다. 이를 막기 위해 그녀는 옷을 최대한 단순하게 디자인하고, 스타일도 잘 바꾸지 않는다. 옷의 색상과 옷감의 종류에서도 환경을 고려하는데, 옷을 염색하거나 생산하는 과정에서 발생하는 환경 피해를 줄이기 위해 환경 피해가 가장 적은 색상과 옷감만 사용한다. 아일린 피셔의 옷을 보면 색은 무채색 계열로 한정되어 있고, 옷감 종류도 많지 않다.

아일린 피셔는 재활용 섬유 활용에도 적극적이다. 재활용 플라스틱뿐 아니라 버려진 실크나 캐시미어를 활용해서 옷을 만들기도 한다. 페트병을 재활용해서 만든 원사를 사용하는 등 옷 제작 과정에서 발생한 부산물을 최대한 활용한다. 아일린 피셔의 웹사이트 www.eileenfisher.com에서는 재활용 섬유로 만든 다양한 옷을 쉽게 찾아볼 수 있다.

아일린 피셔의 환경 보호 노력 가운데 가장 높게 평가받는 것은 옷의 순환 시스템이다. 아일린 피셔는 2009년부터 고객이 입은 옷을 매입해서 수선한 뒤 다시 판매하는 프로그램을 운영하고 있다. 파타고니아, 리바이스, H&M 등 지금은 이런 수선-재판매 시스템을 도입한 패션 브랜드들이 많아졌지만, 아일린 피셔는 옷의 순환

아일린 피셔의 옷은 환경 보호를 위해 디자인을 크게 바꾸지 않는다. 색상과 옷감의 종류도 제한적이다.

시스템의 선구자 격이다.

아일린 피셔 매장에서는 고객들이 입었던 옷을 가져오면 5달러 상당의 상품권으로 교환해준다. 아일린 피셔는 이 옷을 세척하고 재단해 새로운 제품으로 만들어 다시 판매한다. 이러한 옷 재활용이 가능한 이유는 아일린 피셔의 옷은 색이나 옷감이 다른 브랜드의 옷들보다 재활용하기 쉽기 때문이다. 새 옷을 디자인할 때 재활용 가능성까지 고려해야 하는 이유가 여기에 있다. 아일린 피셔가 매입한 옷 중 재활용이 불가능한 상태의 옷들은 쿠션이나 액세서리 등을 만드는 데 사용한다. 지금까지 아일린 피셔가 수거한 옷의 양은 120만 벌에 달하며, 재활용된 옷의 매출은 매년 30억 원 이상일 정도로 인기리에 판매되고 있다.

아일린 피셔는 순환적 플라스틱의 모든 측면에서 모범적인 사례다. 상품성이 뛰어나고 수요가 높으며, 제품 전반에 걸쳐서 재활용 자원이 사용되고, 제품의 생산 과정에서도 환경 보호를 위한 많은 노력을 한다. 하지만 무엇보다 중요한 것은 자신들이 판매한 옷을 5달러라는 적지 않은 금액으로 직접 매입하고, 매입한 옷을 다시 새 옷으로 만들어 판매한다는 점이다. 아일린 피셔는 모든 브랜드가 본보기로 삼아야 할 브랜드다.

제주도에 버려진 페트병이 가방이 되다, 플리츠마마

플리츠마마는 2017년에 만들어진 한국의 신생 브랜드다. 니트 제품 회사에서 디자이너로 일했던 왕종미 대표는 회사에서 옷을 만들 때 많은 원단이 버려지는 모습을 보고 환경에 도움이 되는 브랜드를 직접 만들기로 한다. 그녀가 선택한 것은 버려진 페트병이었다. 그녀는 페트병을 재활용해 만든 원사로 가방을 만들었다. 그것이 바로 플리츠마마의 니트 가방이다.

아름다운 색감과 독특한 주름 모양의 디자인을 자랑하는 이 가방은 재활용 플라스틱으로 만들어졌다는 것과 상관없이 많은 사람들이 좋아할 만한 디자인과 우수한 상품성을 가지고 있다. 가격도 5만 원대에서 9만 원대 사이로 소비자가 큰 부담 없이 구입할 수 있다. 트렌디한 젊은 소비자들 사이에서 큰 호응을 얻으면서 무신사나 29CM와 같은 인기 온라인 플랫폼에서도 판매 중이다. 재활용 플라스틱을 사용해서 만든 가방이나 의류는 대부분 일부 채널에서만 한정적으로 판매되는 경우가 많은데 플리츠마마는 이러한 한계를 이겨낸 것이다. 게다가 제품을 구입한 소비자들의 만족도도 높다. 무신사에서 판매 중인 '니트 플리츠 숄더백 블랙' 상품의 경우 평균 평점이 별 다섯 개 중 네 개 반이다. 대부분의 소비자가 상품 만족도에 별 다섯 개나 네 개를 준 셈이다.

2020년 들어서 플리츠마마는 더욱 의미 있는 일을 시작했다.

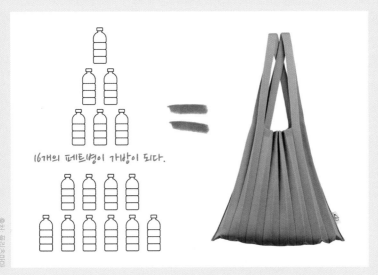

멋지고 실용적이며 지속 가능한 패션을 추구하는 플리츠마마의 가방은 16개의 폐페트병을 활용해서 만든다.

재활용 플라스틱으로 섬유 원사를 만드는 생산업체는 대부분 세계 곳곳에서 수입한 페트병으로 원사를 생산한다. 플리츠마마도 수입한 페트병으로 원사를 만드는 생산업체로부터 재활용 플라스틱 원사를 구입해서 가방을 만들었다. 그런데 왕 대표는 한국에도 버려진 플라스틱이 많은데 왜 굳이 버려진 페트병을 수입해야 하는지 의문이 들었다. 그녀는 곧장 국내에서 수거한 페트병으로 가방을 만들고자 했고, 이를 '제주도 자원 순환 프로젝트'로 발전시켰다. 제주특별자치도개발공사, 제주도 등과 함께 진행한 이 프로젝트는 제주도에서 직접 수거한 페트병으로만 가방을 만들었다.

한국에서 수거한 페트병은 수입품보다 품질이 좋지 않기 때문에 제주도에서 수거한 페트병만으로 원사를 만드는 일은 원사 생산업체에도 플리츠마마에도 위험 부담이 컸다. 그런데도 그녀는 이 프로젝트를 진행했고, 이를 통해 출시된 '플리츠마마 제주컬렉션'은 가히 성공적이었다. 제주도를 상징하는 과일인 한라봉의 색, 제주 앞바다 색, 제주 하늘색 등을 담은 아름다운 디자인의 가방들은 어떤 재활용 플라스틱을 사용했는지 상관없이 그 자체로 매우 뛰어난 상품성을 가지고 있다. 무엇보다 한국에서 수거한 플라스틱 폐기물로 상품성이 뛰어난 제품을 만듦으로써 한국 내의 플라스틱 순환에 크게 기여한 훌륭한 브랜드 사례라 할 수 있다. 이후 출시한 '추자도 에디션'과 '러브서울 에디션'도 큰 사랑을 받고 있다.

4부

지속 가능한 플라스틱을 위한 브랜드 전략

진정성 있게
다가가라

지금까지 플라스틱 순환을 위한 다섯 가지 리사이클 원칙을 살펴봤다. 플라스틱을 제대로 순환하기 위해서는 첫째, 제품의 상품성이 중요하다(상품성의 원칙). 상품성이 높다는 것은 품질과 성능, 디자인이 모두 우수하면서도 소비자에게 매력적인 가격대를 제시하는 것을 의미한다. 즉, 모든 사람이 가지고 싶어 하고, 모든 사람이 구입할 수 있는 제품을 말한다. 그러나 대부분의 기업은 이런 제품에 재활용 플라스틱을 사용하려고 하지 않는다. 하지만 상품성이 뛰어난 제품에 재활용 플라스틱을 사용해야 더 많은 플라스틱이 순환성을 가진다. 가장 바람직한 것은 기업이 만들 수 있는 가장 뛰어난 제품에 재활용 플라스틱을 적극적으로 사용하는 것이다. 이런 제품은 환경 보호라는 가치에 소구할 필요 없이 환경 문제에 관심을 가진 사람과 그렇지 않은 사람 모두에게 판매될 수 있다.

두 번째로 재활용 플라스틱을 사용한 제품의 수요가 높아야 한다(수요성의 원칙). 한정 수량으로 만든 제품이나 기념품은 기업을 홍보하고 기업에 친환경 혹은 필환경과 같은 그린 이미지를 입히는 데에는 도움이 될지언정 실제로 플라스틱 순환에 기여하는 효과는 미미하다.

셋째, 제품과 포장 전반에 걸쳐 재활용 플라스틱을 사용해야 한다(전반성의 원칙). 재활용 플라스틱의 사용이 기업 홍보를 위한 마케팅 수단에 머물지 않고 하나의 제품이 아니라 기업이 만드는 모든 제품과 포장재에 재활용 플라스틱이 사용될 수 있도록 노력해야 한다. 그래야만 소비자들이 기업이 가진 환경 보호에 대한 진정성을 느낄 수 있다.

넷째, 제품 생산 과정에서 환경에 미치는 영향을 최소화해야 한다(과정성의 원칙). 제품에 사용되는 자원을 줄이고, 부산물을 최대한 재활용하는 등 소비자에게 보여주는 제품뿐만 아니라 보이지 않는 과정에서도 플라스틱을 순환하고 환경을 보호하려는 노력이 필요하다.

마지막으로 재활용 플라스틱을 스스로 공급해야 한다(자급성의 원칙). 자사가 판매한 제품의 플라스틱 폐기물을 직접 수거하거나 자국 내에 버려진 플라스틱을 최대한 많이 수거해서 사용해야 플라스틱 순환 시스템의 완전성을 높일 수 있다. 이는 국가 차원의 환경

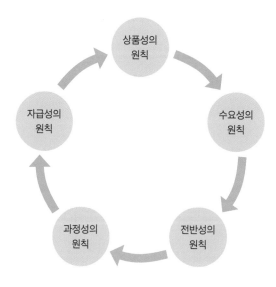

문제에도 직접적으로 기여하게 된다.

플라스틱 순환을 위한 다섯 가지 리사이클 원칙을 제안한 가장 중요한 이유는 환경 보호를 위한 진정성 있는 활동과 친환경적 이미지를 만들기 위한 마케팅 활동이 분명하게 구분되어야 하기 때문이다. 최근 플라스틱으로 인한 환경 문제에 관심을 가지는 소비자들이 증가하면서 플라스틱 문제를 기업 이미지를 개선하기 위한 마케팅 수단으로 생각하는 기업들이 많이 생겨나고 있다. 환경 보호를 위해서 플라스틱 문제 해결에 나서는 것이 아니라 새로운 마케팅 전략으로 이를 활용하는 것이다. 이런 기업들은 실제로 플라스틱 순환에 기여하는 바는 미미하면서 자신들의 활동만 과대 포장해서 홍보한다.

그러나 플라스틱 문제에 책임감을 가지고 이를 해결하기 위해 진심을 담아 노력하는 기업이라면 자신들의 활동을 과대하게 포장하거나 홍보할 필요가 없다. 엄청난 정보력을 가진 요즘 소비자들은 오히려 과대광고를 의심한다. 군이 홍보하지 않아도 소비자들은 기업이 한 노력의 가치와 그 속에 담긴 진심을 알고 있다. 가장 이상적인 모습은 묵묵히 플라스틱 순환을 위해 노력하는 것이다. **기업의 활동에 대해 시끄럽게 떠들 필요 없이 조용하게 환경 보호를 위해 기업이 할 수 있는 최선의 노력을 하는 것이 가장 바람직하다.**

이 책에서는 이를 조용한 재활용 전략, 즉 사일런트 리사이클Silent-Recycle이라 표현하고자 한다. 기업이 재활용 플라스틱을 사용했다는 것을 군이 홍보하지 않아도 상품성이 높은 제품은 시장에서 높은 수요를 만들어내고 플라스틱 순환에 크게 기여할 것이다. 제품과 포장재 전반에 걸쳐서 재활용 자원을 사용하고, 제품 생산 과정에서도 환경 보호를 위해 노력한다면 군이 홍보하지 않아도 소비자들은 기업의 진정성을 느낄 수 있다. 환경 보호에 마케팅이나 홍보는 필요하지 않다. 필요한 것은 진심과 노력뿐이다. 기업은 조용한 재활용 전략이 지구와 사람, 그리고 기업을 위한 최고의 브랜드 전략임을 명심해야 한다.

재활용에 대한
거부감을 줄여라

조용한 재활용 전략이란 기업의 활동에 대한 과대 포장이나 홍보 없이 진정성을 가지고 플라스틱 순환을 위해 노력하는 것을 말한다. 이러한 전략을 실행하기 위해서는 진정성 외에 몇 가지 전략이 더 필요하다. 우선 재활용 자원에 대한 소비자의 거부감을 줄여야 한다. 제품의 높은 상품성은 소비자가 가진 재활용 플라스틱에 대한 부정적 인식을 바꾸는 효과가 있지만 그럼에도 불구하고 소비자 중에는 자신이나 가족이 사용할 제품에 대해서는 재활용 플라스틱을 사용하고 싶어 하지 않는 사람들이 있을 수 있다. 특히 피부 접촉이 많은 화장품 용기나 식품이나 음료 용기, 유아나 아동 제품에 대해서는 재활용 플라스틱에 거부감을 가질 수 있다. 플라스틱이 쉽게 순환하기 위해서는 재활용 플라스틱에 대한 이런 거부감을 감소할 수 있는 장치가 필요하다.

사람들이 재활용 플라스틱에 대해 거부감을 가지는 가장 큰 이유는 재활용 플라스틱이 안전하지 않을 것 같다는 불안감 때문이다. 불안감이라는 감정은 정보의 불완전성에 기인한다. 대부분의 사람은 알 수 없는 위험 요소에 대해 두려워하는 경향이 있으므로 재활용 플라스틱에 대한 불안감을 줄이기 위해서는 재활용 플라스틱이 폐기되기 전에 어떤 목적으로 사용되었는지, 어떤 과정을 통해 재활용되었는지 등 재활용 플라스틱이 만들어지는 과정의 모든 것을 구체화할 필요가 있다. 예를 들어 막연히 '재활용 플라스틱'을 사용했다고 말하는 것보다 'A라는 환경 단체가 B라는 지역에서 수거한 페트병을 C라는 업체가 재활용한 플라스틱'을 사용해서 만들었다고 알려주면 사람들의 불안감을 해소하는 데 큰 효과가 있다.

재활용 플라스틱 정보는 구체적일수록 좋다. 어떤 플라스틱을 수거했고, 누가 수거했으며, 어디에서 수거했고, 어떻게 재활용 처리됐는지 등 재활용 플라스틱이 만들어진 모든 과정에 대한 정보가 구체적이고 투명할수록 사람들의 불안감은 줄어든다. 다만 정보가 많아지면 정보의 전달력은 약해진다는 단점이 있으므로 **가장 효과적인 방법은 플라스틱 재활용의 모든 과정을 함축적으로 나타낼 수 있는 재활용 플라스틱 브랜드를 만드는 것이다.** 플라스틱의 수거 과정과 재활용 플라스틱의 생산 과정 전체를 책임지는 브랜드가 있으면, 사람들은 그 브랜드를 통해서 재활용 플라스틱에 대한 믿음을 가지게 된다. 이런 믿음이 형성되면 재활용 플라스틱이 만들어지는 모든 과정에 대한 세세한 이해 없이도 재활용 플라스틱으로 만든 제품을 신뢰할 수 있다. 가장 좋은 예로 아디다스가 있다. 아디다스는 2015년부터 오션 플라스틱으로 만든 운동화를 출시하고 있다. 그리고 그 모든 과정을 '팔리Parley'라는 브랜드를 통해 상징적으로 보여 준다. 아디다스가 재활용 플라스틱을 어떻게 브랜드화했는지 살펴보도록 하자.

아디다스×팔리: 오션 플라스틱을 브랜드화하다

아디다스는 다른 브랜드나 유명 디자이너, 뮤지션, 운동선수와의 컬래버레이션 제품을 많이 선보이고 있다. 럭셔리 브랜드인 프라다Prada와 협업해 제품을 출시하기도 했고 인기 영화사인 마블과 함께 디자인한 제품이 나오기도 했다. 아디다스에서 나오는 컬래버레이션 제품은 수없이 많지만, 그중에서 가장 주목해야 할 것은 환경 단체 '팔리 포 디 오션Parley for the Ocean(이하 팔리)'과 만든 '아디다스×팔리' 시리즈다.

팔리는 전 세계 바다에 버려진 플라스틱을 직접 수거한 후, 이것을 재활용해 다양한 브랜드와 컬래버레이션을 진행하는 환경 단체다. 현재 아디다스뿐만 아니라 텀블러 제조사인 스웰S'well, 의류 브랜드인 지스타로우G-Star Raw, 신용카드 회사인 아메리칸 익스프레스American Express 등과도 협업하고 있다. 아디다스는 이 환경 단체의 창립 멤버 중 하나로 2015년부터 팔리와 함께 아디다스×팔리 시리 즈를 선보이고 있다. 이 시리즈의 운동화는 팔리에서 받은 재활용 플라스틱 섬유로 만들어지는데, '팔리 오션 플라스틱'이라는 재활 용 섬유다. 운동화 한 켤레당 생수병 11개 분량의 재활용 플라스틱 이 사용된다. 팔리 시리즈가 특별한 이유는 재활용 플라스틱을 사용 한 제품임에도 실제로 많이 판매된다는 점이다. 2018년 한 해에만 500만 켤레 이상이 생산될 정도로 인기 상품으로 2019년에 생산된 운동화만 해도 1천만 켤레가 넘는다. 산술적으로 한 해에 5,500만 개에서 1억 1천 개의 플라스틱 생수병이 재활용되고 있는 것이다.

팔리 시리즈로 나오는 운동화는 앞서 소개한 사례의 제품들 처럼 높은 상품성을 가진다. 수준 높은 디자인뿐만 아니라 제공되는 상품의 종류도 다양하다. 2020년 기준으로 아디다스에서 팔리 오션 플라스틱이 사용된 운동화는 그 종류만 해도 30가지에 달한다. 디 자인도 다양하고 가격대도 다양하다. 이전에 소개한 사례들과 구분 되는 점은 딱 하나, 바로 재활용 플라스틱에 관련된 모든 것이 '팔 리'라는 브랜드로 상징화되어 있다는 점이다. 그래서 팔리 시리즈 운동화에는 '팔리' 브랜드 로고가 인쇄되어 있다. 팔리는 재활용 플 라스틱의 수집과 생산에 이르는 모든 과정을 책임지는 단체이기 때 문에 운동화에 인쇄된 '팔리' 로고는 사람들에게 재활용 플라스틱 의 생산 과정과 품질에 대한 신뢰를 형성한다. 재활용 플라스틱에 대해서 잘 모르는 사람이나 거부감을 가진 사람도 '팔리'라는 로고 를 통해 재활용 플라스틱으로 만들어진 제품에 대한 믿음을 가지게

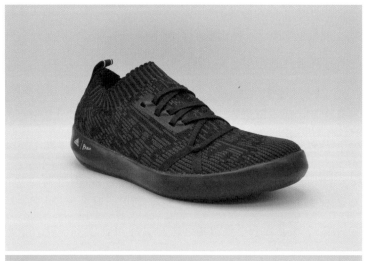

아디다스×팔리 운동화는 오션 플라스틱을 사용해서 만든다. 아디다스는 이를 브랜드화해 2020년까지 약 30종의 운동화를 출시했다.

되는 것이다. 팔리 시리즈에 사용된 재활용 플라스틱에 대해서 더 자세히 알고 싶은 사람은 팔리 웹사이트www.parley.tv에서 팔리가 공급하는 재활용 플라스틱이 어떤 과정을 통해 수집되고 어떻게 생산되는지에 대한 정보를 얻을 수 있다.

아디다스의 사례는 브랜딩이 재활용 플라스틱에 대한 인식 전환에 중요한 역할을 할 수 있다는 것을 잘 보여준다. 소비자들은 아주 짧은 순간에 최소한의 주의력만으로 제품 구입 여부를 결정한다. 이런 소비자들에게 재활용 플라스틱에 대한 거부감을 없애고자 재활용 플라스틱이 어떤 방식으로 수거되고, 어떻게 처리되었는지를 일일이 제공하는 것은 효과적인 방법이 아니다. 하지만 재활용 플라스틱에 대한 모든 정보가 하나의 브랜드로 함축되어 있다면 사람들은 그 브랜드라는 것만으로도 재활용 플라스틱의 생산 과정과 품질에 대한 믿음을 빠르게 형성할 수 있다. 이것이 바로 브랜드가 가진 힘이다.

다시 말해 기업이 재활용 플라스틱을 사용해서 제품을 만들 때 소비자의 불안감을 없애는 가장 효과적인 방법은 재활용 플라스틱의 모든 것을 상징하는 브랜드를 만드는 것이다. 재활용 플라스틱을 브랜드화해서 재활용 플라스틱으로 만든 제품에 대한 사람들의 거부감을 없애고 좋은 제품이라는 믿음을 심어주는 것이 중요하다. 재활용 플라스틱 브랜드는 다양한 수준에서 존재할 수 있다. 재활용 플라스틱의 수거부터 생산까지 모든 과정을 책임지는 단일 브랜드가 있을 수 있고, 일부 과정에만 해당하는 브랜드가 있을 수 있다.

가장 이상적인 형태는 아디다스×팔리 시리즈와 같이 재활용 플라스틱의 수거부터 생산까지 모든 과정과 관련된 브랜드를 만드는 것이다.

재활용 플라스틱과 관련된 전체 과정을 단일 브랜드로 만드는 것이 어려울 경우, 수거 과정이나 생산 과정만 개별적으로 브랜딩할 수도 있다. 동일한 플라스틱 폐기물이더라도 쓰레기통에서 수거한 플라스틱 폐기물과 환경 단체나 자원봉사자가 자연에서 직접 수거한 플라스틱 폐기물은 사람들에게 매우 다르게 느껴진다. 소비자들은 대부분 자연에서 직접 수거한 플라스틱 폐기물이 더 높은 가치가 있다고 생각한다. 따라서 재활용 플라스틱의 가치를 높이는 측면에서는 수거 과정에 대한 브랜드를 만드는 것이 큰 도움이 된다.

한국에도 팔리와 같은 자연에 버려진 폐기물을 수거하는 많은 환경 단체들과 자원봉사자들이 있다. 다만 아직 브랜드로서 큰 가치를 가지고 있지 못하다. 주로 사람들이 쉽게 인식하기 어려운 비슷비슷한 이름의, 차별성이나 매력도가 낮은 브랜드들뿐이다. 이런 경우 사람들에게 재활용 플라스틱에 대한 신뢰를 쉽고 빠르게 전달하는 데 한계가 있다. 그러므로 기업이 환경 단체와의 협업을 통해 재활용 플라스틱을 수거하고 이를 활용할 수 있도록 환경 단체에 대한 브랜딩 작업이 필요하다.

수거 과정과는 별도로 생산 과정만을 브랜딩하는 것도 고려할 수 있다. 외국의 재활용 생산업체 중에는 자신들이 만드는 재활용 플라스틱을 브랜딩하는 경우가 있다. 쉽게 말해 '재활용 플라스틱'이라고 부르는 대신에 별도의 상표명을 사용하는 것이다. 메소드에 재활용 플라스틱을 납품하는 엔비전 플라스틱Envision Plastics은 '오션바운드 플라스틱'이라는 상표명을 사용하고, 팔리는 '팔리 오션 플라스틱'이라는 상표명이 있다. 이처럼 재활용 플라스틱 자체가 브랜드로 만들어지면 소비자들에게 재활용 플라스틱에 대한 안전성을 전달하는 데 효과적이다. 다만 재활용 플라스틱 생산업체가 자체적으로 브랜딩 능력을 갖추기는 어렵기 때문에 기업이 이 과정에서 중요한 역할을 해야 한다.

제품을 만들 때 제품의 브랜드가 중요하다는 것은 모두 잘 알고 있다. 브랜드는 쉽게 인식되고 기억될 수 있어야 하고, 브랜드 로고는 보는 순간 사람들에게 정서적 즐거움과 신뢰를 동시에 느끼게 해야 한다. 재활용 플라스틱 브랜드도 마찬가지다. 재활용 플라스틱의 경우 거부감을 가질 수 있기 때문에 재활용 플라스틱의 브랜드화 작업은 특히 더 중요하다.

공급 시스템을
구축하라

플라스틱 문제는 어렵다. 그렇기 때문에 많은 사람들이 플라스틱 문제를 해결하기 위해 노력한다. 사용한 용기를 깨끗이 세척하고 라벨을 분리해서 배출하고, 자연에 방치된 플라스틱을 수거하는 시민 단체나 환경 단체도 많다. 정부와 지자체도 플라스틱 문제를 해결하기 위해 다양한 활동을 하고 있다. 하지만 플라스틱 문제는 해결될 기미가 보이지 않는다. 순환되고 있는 플라스틱의 양보다 새롭게 만들어지고 버려지는 플라스틱의 양이 훨씬 많기 때문이다. 그래서 기업의 진정성 있는 노력이 더 절실히 요구된다.

그런데 기업이 재활용 플라스틱을 사용하려는 의지를 가지고 있다고 하더라도 원하는 재활용 플라스틱을 쉽게 구할 수 있는 것은 아니다. 여기에는 여러 가지 이유가 있다. 우선 재활용 플라스틱의 품질이 기업이 원하는 수준에 미치지 못할 수 있다. 상품성이 뛰어난 제품에 재활용 플라스틱을 사용하려면 그 기준에 맞는 고품질의 재활용 플라스틱을 안정적으로 공급받아야 하는데, 이는 어려운 일이다. 더욱이 페트가 아닌 플라스틱의 경우, 품질이 뛰어난 재활용 플라스틱을 얻는 것 자체가 쉽지 않다. 또한 대부분의 재활용 플라스틱 생산업체가 플라스틱 폐기물을 외국에서 수입해서 재활용하기 때문에 국내에 버려진 플라스틱을 확보하는 것이 어렵다. 이뿐만 아니라 재활용 플라스틱 제조 과정에서 탄소 배출량이나 제조 공법이 친환경 기준에 못 미칠 수도 있다.

이러한 문제들을 해결하기 위해서는 기업이 원하는 재활용 플라스틱을 안정적으로 공급받을 수 있는 시스템을 구축해야 한다. 그렇다고 해서 자체적으로 재활용 생산 설비를 만들어야 한다는 의미는 아니다. 기업이 자체적으로 개발한 재활용 기술을 생산업체에 제공하거나 재활용 기술을 연구하는 기관이나 스타트업에 투자함으로써 기업 외부에 기업이 원하는 공급 시스템을 구축할 수 있다.

생활용품 제조사인 P&G와 협력 관계에 있는 퓨어사이클Pure Cycle Technologies의 경우를 예로 들어보자. 퓨어사이클은 재활용 플라스틱을 생산하는 스타트업이다. 이 기업은 새 플라스틱 수준으로 깨끗하고 안전한 재활용 PP의 원재료를 생산하고 있다. 액체 용기로 많이 사용되는 PP는 일반적인 방식으로 재활용하면 용기에 담겨 있던 액체의 냄새가 잘 제거되지 않고, 재활용된 PP의 색도 검은색이

RECYCLED POLYPROPYLENE

THE PAST
THE FUTURE
STARTS TODAY

퓨어사이클은 세제나 샴푸 용기로 사용되는 PP를 투명한 고품질의
PP로 재활용하는 기술을 가지고 있다.

나 회색이어서 새 제품 용기로 사용하기에 부적합하다. 퓨어사이클은 이러한 문제에 획기적인 솔루션을 제공한다. PP를 분자 수준에서 정화해서 깨끗하고, 투명하며, 안전한 재활용 플라스틱을 생산하는 기술을 개발한 것이다. 퓨어사이클의 이 재활용 기술은 새 플라스틱을 만드는 것과 비교해서 에너지 사용량이 1/7밖에 되지 않는다.

그런데 이 기술은 퓨어사이클이 개발한 것이 아니다. P&G 내부에는 재활용 기술만을 전문적으로 연구하는 화학자들이 있는데, 이들이 새로운 PP 재활용 기술을 개발한 후, 이 기술을 라이선스 계약을 통해 퓨어사이클에 제공한 것이다. 이런 협력 관계를 통해 P&G는 자신들에게 필요한 고품질의 재활용 PP를 안정적으로 공급받을 수 있는 시스템을 확보했다.

파타고니아는 재활용 플라스틱과 재활용 다운(오리털이나 거위털)을 공급하는 업체를 선정할 때 까다로운 기준을 가지고 있는 것으로 유명하다. 자신들이 원하는 품질 수준과 친환경적인 생산 과정을 가진 업체를 찾아내기 위해 노력하고, 이 업체들과 장기적인 관계를 구축한다. 투자자 형태로 참여해 재활용 기술을 개발하기도 하고 직접 공급업체를 확보하기도 한다. 파타고니아는 이를 위해 틴세드 벤처스Tin Shed Ventures라는 벤처 캐피털 회사를 설립해 환경 문제를 해결하려고 노력하는 스타트업에 직접 투자하고 있다. 최근 환경 문제에 대해 솔루션을 제공하는 스타트업들이 많아졌지만, 일반적인 벤처 캐피털은 단기적 이익만 중시해 환경 문제를 해결하는 스타트업들은 큰 투자를 받기가 어렵다. 이런 문제를 해결하기 위해 파타고니아는 자신들이 직접 벤처 캐피털 회사를 만든 것이다.

파타고니아의 투자를 받고 있는 스타트업 가운데 브레오^{Breo}라는 회사가 있다. 브레오는 버려진 낚시 그물을 재활용해서 의류, 가방, 선글라스, 스케이드보드 등 다양한 소비재 제품의 플라스틱 원재료를 만드는 스타트업이다. 파타고니아는 브레오의 투자자로 이들이 장기적인 안목에서 재활용 기술을 개발할 수 있도록 투자하는 동시에 이들로부터 자신들의 제품에 사용되는 재활용 플라스틱을 공급받고 있다.

이처럼 기업이 원하는 품질 수준의 재활용 플라스틱을 개발하고 안정적으로 재활용 자원을 공급받기 위해서는 기업 스스로 재활용 플라스틱의 공급 시스템을 갖춰야 한다. **기업이 공급 시스템을**

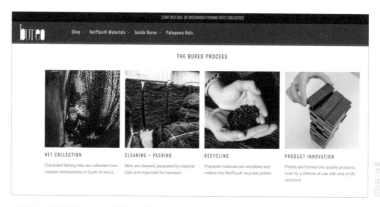

브레오는 버려진 낚시 그물을 재활용해서 제품을 생산한다. 2021년 2월 기준으로 브레오가 수거한 낚시 그물은 2,645,421파운드(약 1,200톤)에 달한다.

구축하는 것은 재활용 플라스틱에 대한 리스크 관리 측면에서도 필요하다. 플라스틱 생산업체들은 재활용 플라스틱을 생산하는 방식과 기술에 있어서 큰 차이를 보인다. 시장에 유통되는 재활용 플라스틱을 구입해서 사용했을 때 예상하지 못했던 품질 문제, 안전 문제, 생산 과정에서의 환경 피해 문제가 발생할 수 있다. 재활용 플라스틱에서 냄새가 날 수도 있고, 인체에 해로운 성분이 섞여 들어갈 수도 있다. 생산 과정에서 과도한 탄소 배출이 발생하거나 세척에 사용된 화학 성분이 문제가 될 수도 있다. 이런 것들은 재활용 플라스틱을 사용하는 기업의 신뢰성과 브랜드 이미지를 한순간에 망칠 수 있는 리스크 요인이다. 재활용 플라스틱을 구매하는 방식으로는 이런 리스크 관리를 할 수가 없다. 이런 측면에서도 기업 스스로 재활용 플라스틱 공급 시스템을 구축하는 것이 필요하다.

조직 구조를
갖춰라

기업이 환경 문제에 기여하기 위해서는 조직 구조의 역할도 중요하다. 많은 기업에서는 마케팅 조직이나 PR팀에서 환경 문제를 담당한다. 마케팅팀에서 친환경 메시지가 담긴 캠페인을 기획하거나 재활용 자원을 사용한 이벤트성 제품을 선보이고, PR팀에서 이런 친환경 활동에 대한 언론 보도자료를 준비한다. 하지만 마케팅팀이나 PR팀이 환경 문제를 담당한다는 것은 환경 문제를 단지 마케팅 차원으로만 본다는 것을 스스로 증명하는 꼴이다. 플라스틱으로 인한 환경 문제에 대한 해결책은 마케팅이나 PR 조직 안에서 찾을 수 있는 것이 아니다. 플라스틱을 순환하기 위해서는 환경 문제, 재활용 플라스틱, 재활용 시스템에 대한 폭넓은 이해가 필요하며, 기업이 원하는 재활용 플라스틱을 만들고 이를 제품에 적용하기 위한 연구도 필요하다. 또한 제품 생산 과정도 관리해야 하고, 기업 내부의 자원 사용과 일회용품 관리도 해야 한다.

따라서 환경 문제와 관련된 모든 과정을 담당하는 별도의 전담 조직을 운영할 필요가 있다. 기업 안에 마케팅, 전략, 인사, 재무, 영업 조직이 별도로 존재하는 것처럼 환경 문제를 담당하는 조직이 별도로 만들어져야 한다. 그리고 이 조직의 미션이 '환경 문제에 대한 기여'임을 분명하게 정의해야 한다.

최근 들어 환경 문제를 담당하는 별도 조직을 갖추는 기업이 증가하는 추세다. 일반적으로 CSR Corporate Social Responsibility 조직이라고 불린다. 그런데 CSR 조직은 환경 문제를 리스크로 인식하고, 기업 이미지 관리와 외부 기관의 기업 평가 관리를 목적으로 하는 경우가 많다. 기업이 플라스틱 문제에 실질적으로 기여하기 위해서 필요한 것은 이런 조직이 아니다. 플라스틱을 실제로 순환하기 위한 연구, 제품 개발, 시스템 구축을 담당하는 조직이어야 한다.

플라스틱 순환을 담당하는 조직의 구성과 함께 필요한 것은 리더십이다. 환경 보호를 위한 기업의 활동이 추진력을 얻고 내부의 지원을 받기 위해서는 조직의 최고 의사결정자 수준에서 환경 문제를 담당하는 리더가 필요하다. 이런 개념으로 최근 등장한 것이 CSO Chief Sustainability Officer, 즉 최고 지속가능성 책임자다. CEO가 기업의 전반적인 운영을 책임지고, CMO가 마케팅을 책임지며, CFO가 재무를 책임지는 것처럼, CSO는 환경과 관련된 기업의 모든 활동을 책임진다. 이케아, P&G, 나이키, 미국의 식품기업 제너럴밀스 GIS 등이 CSO를 두고 있다. 이케아의 경우, 각 지역의 CEO가 CSO를 겸직하도록 하고 있다.

환경 문제에 있어서 CSO의 역할은 중요하다. 이들은 자원의 사용을 줄이고 자원을 순환하기 위한 전략을 세울 뿐만 아니라 회사 경영진이 단기적 이익을 중시하는 전략을 세울 때 단기적 이익보다 환경을 중시할 수 있도록 방향을 잡아주는 역할을 한다. 또한 환경 문제 해결이라는 목표를 위해서 회사 내에 다양한 조직들이 협력할 수 있도록 조율하는 업무를 수행한다. 회사 구성원들 사이에서 환경을 중시하는 문화가 정착될 수 있도록 기업 조직 문화를 바꾸고 이끄는 것이다. 일부 기업에서는 CSO가 정부 규제에 대처하고 기업의 친환경 이미지를 구축하는 일에 치중하기도 하지만 이는 바람직한 CSO의 역할이 아니다. 이런 일을 하기 위해서 CSO를 지정할 필요는 없다. 만약 기업이 CSO를 지정하고자 한다면 CSO의 역할이 '환경 문제에 대한 실질적 기여'임을 명확하게 해야 한다.

다음으로 조직에 필요한 것은 기업의 모든 구성원이 환경 문제에 관심을 가질 수 있도록 하는 것이다. 기업의 활동은 기업 구성원들이 추구하는 가치, 태도, 문화를 반영한다. 기업 구성원들이 환경 문제의 중요성을 깨닫고 이를 해결하기 위해 노력해야 한다고 여긴다면 기업의 운영과 생산 과정, 만드는 제품과 마케팅 등 모든 측면에서 환경 보호를 위한 노력이 자연스럽게 묻어나올 수 있다.

한국 기업들은 직원 교육을 중요하게 생각한다. 직원들에게 다양한 교육을 제공함으로써 스스로 성장할 기회를 제공한다. 이는 매우 바람직한 모습이다. 다만 한 가지 아쉬운 점은 대부분 재무, 회계, 인사, 마케팅, 외국어 등 실무적인 교육뿐이라는 것이다. 환경 문제에 대해 교육하는 기업은 흔치 않다. 우리에게 중요한 것은 환경 교육이다. 정부 규제에 대해 배우거나 이에 대한 대응책을 배우는 것이 아니라 직원들이 스스로 환경 문제의 중요성과 심각성을 인식할 수 있게 해줘야 한다. 이런 교육을 제공하는 기업이야말로 회사 전반에 걸쳐서 진정한 친환경적 조직 문화가 자리 잡을 수 있다.

누구보다 빠르고
철저하게 움직여라

재활용 플라스틱 브랜딩을 하고자 하는 기업에 마지막으로 당부하고 싶은 것이 있다. 바로 경쟁자보다 더 빠르게 그리고 더 철저하게 플라스틱 브랜딩을 실천하라는 것이다. 브랜드 전략의 핵심은 소비자의 마음속에 강한 믿음을 만들어내는 것이다. 소비자의 마음속에 특정 브랜드에 대한 강한 믿음이 형성되면 소비자들은 자신의 믿음을 강화해주는 정보만 처리하게 되고, 믿음과 맞지 않는 정보는 거부하게 된다. 가령, 전자제품 브랜드 가운데 애플이 가장 혁신적이라는 믿음을 가지고 있는 소비자에게 다른 브랜드들이 아무리 혁신적인 제품을 내밀어도 그 소비자는 애플에 대한 믿음을 쉽게 바꾸지 않는다. **믿음은 그 어떤 광고나 마케팅보다 강력한 힘을 발**

휘한다.

　브랜드에 대한 소비자의 믿음은 소비자가 중요하게 생각하는 가치를 중심으로 형성된다. 제품을 선택할 때 혁신성을 중요하게 여기는 소비자는 가장 혁신적인 브랜드가 어떤 브랜드라는 믿음을 형성하게 되고, 내구성을 중요하게 여기는 소비자는 가장 내구성이 뛰어난 브랜드가 어떤 브랜드라는 믿음을 가지게 된다. 그러므로 브랜드가 강한 경쟁력을 가지기 위해서는 소비자들이 중요하게 생각하는 새로운 가치를 찾아내 그 가치에 있어서 다른 어떤 브랜드보다 빠르게 최고의 브랜드라는 믿음을 만들어야 한다. 즉, 소비자의 마음속에서 가치를 선점하는 것이다.

　'환경'이라는 가치는 지금까지 많은 소비자들에게 중요한 가치로 여겨지지 않았다. 그렇다 보니 기업들도 환경이라는 영역에서 자신의 기업이 최고라는 믿음을 주기 위해 별다른 노력을 하지 않았다. 하지만 이제 환경은 많은 소비자들에게 가장 중요한 가치로 인식되기 시작했다. 소비자들은 하나의 가치에 대해서 하나의 브랜드만을 최고라고 인식하는 경향이 있다. 즉, '환경'이라는 가치에 있어서 여러 브랜드가 동시에 최고가 될 수는 없다는 것이다. 브랜드 포지셔닝 개념을 정립한 잭 트라우트Jack Trout와 알 리스Al Ries는 이를 '사다리'와 같다고 표현했다.[1] 사다리 위에 누군가 올라가 있으면 다른 사람이 그 사람을 제치고 위로 올라갈 수 없듯이, 브랜드도 이미 한 브랜드가 특정 가치에 있어서 최고로 인식되고 있으면 다른 브랜드들이 그 자치를 차지하기 어렵다는 의미다.

환경이라는 가치는 아직 아무도 오르지 않은 사다리와 같다. 아웃도어 의류 분야에서만 파타고니아가 사다리의 가장 높은 자리를 차지하고 있을 뿐, 대부분의 제품 영역에서 환경이라는 사다리는 아직 비어있는 상태다. 그렇기 때문에 모든 브랜드는 지금부터 '그린 사다리Green Ladder'를 차지하기 위해 전력을 다해야 한다. 하지만 그렇다고 해서 단지 빠르게 사다리에 올라가려고 해서는 안 된다. 아무리 빠르게 움직이더라도 환경 보호를 위한 노력이 진실하고 철저하지 않다면 소비자들은 자신들의 마음속에 있는 사다리를 내어주지 않을 것이다. 소비자의 마음속에 있는 그린 사다리를 차지하기 위해서는 가장 진실한 모습으로 환경 보호를 위해 노력해야 한다. 누가 이 사다리를 차지하게 될 것인지는 지금 당신의 선택과 노력에 달려있다. 환경이라는 가치에 있어서 최고의 브랜드가 될 수 있도록 지금 바로 플라스틱 브랜딩을 시작하자.

5부

소비자의 새로운 평가 기준,
그린

브랜드를 평가하는
소비자의 다섯 가지 기준

환경 문제가 중요한 사회적 이슈로 부상하면서 환경 보호를 내세우는 기업의 활동은 앞으로 더욱 다양하고 활발해질 것으로 보인다. 하지만 환경 보호에 실질적 기여는 하지 않으면서 친환경 이미지만 구축하려는 기업이나 친환경이 돈이 된다는 생각에 환경 보호를 상업적으로 이용하려는 기업도 많아질 것이다. 때문에 기업의 환경 보호 활동을 제대로 평가하는 것이 더 절실히 필요한 시기다. 그린을 표방한다고 해서 모두 같은 그린은 아니다. 소비자들은 실제로 환경 보호를 위해 노력하는 기업과 그렇지 않은 기업을 구분해내야 한다. 진정성을 가지고 환경 보호 활동을 하는 기업에는 박수를 쳐주고, 환경 보호를 마케팅적으로만 이용하는 기업은 건설적인 비판을 통해 이들이 환경 보호를 위해 더 노력하도록 이끌어야 한다.

마케팅은 보이지 않는 손처럼 교묘하다. 심리학과 실과 바늘처럼 가까운 관계다. 마케팅 분야 가운데 소비자에 대해 연구하는 소비자행동이라는 분야 자체가 심리학에 기반해서 만들어졌다. 미국의 마케팅 교수 중에는 심리학 박사인 경우도 많다. 심리학이 사람의 내면에 숨겨진 자신도 알지 못하는 마음의 법칙을 밝혀내는 것처럼 마케팅 연구자들은 소비자들도 모르게 그들의 마음과 생각을 움직이는 법칙을 찾아낸다. 기업의 마케팅은 소비자들로 하여금 자신들의 브랜드를 좋아하게 만들고, 더 많이 구입하고, 더 자주 구입하게 한다. 소비자들에게는 이것이 마치 자신의 의지에 의한 선택인 것처럼 착각하게 만든다.

마케팅의 힘은 기업의 환경 관련 활동에도 그대로 적용된다. 많은 기업들은 마케팅을 통해 소비자들이 자신들을 친환경적 기업이라고 생각하게 만들 것이다. 그러므로 소비자의 적극적인 역할이 필요하다. 소비자는 환경 마케팅의 대상이 되어서는 안 된다. 보다 능동적으로 기업의 환경 보호 활동을 평가하는 주체가 되어야 한다. 어떻게 하면 소비자가 기업의 환경 보호 활동의 진정성을 평가할 수 있을까? 3부에서 소개한 '플라스틱 순환을 위한 리사이클 5원칙'은 기업을 위한 가이드라인이지만 소비자가 브랜드를 평가하는 데에도 중요한 기준이 된다.

1. 제품 수요는 충분한가?

기업이 재활용 플라스틱을 사용한 제품을 선보였을 때, 이 제품이 플라스틱 순환에 얼마나 도움이 되는지를 평가하는 가장 분명한 기준은 제품의 수요다. 실제로 판매되지 않는 제품, 한정 수량으로 만들어지는 제품은 기업에 친환경적 이미지를 만드는 데에는 도움이 되지만 플라스틱 순환에 실질적으로 기여하기 어렵다. 업사이클 제품도 마찬가지다. 업사이클은 폐기물 가치에 대한 사람들의 인식 변화에 크게 기여하는 의미 있는 활동이다. 하지만 이런 활동은 예술가, 시민, 소규모 창업자의 영역으로 남겨둬야 한다. 현재 환경 문제에 일정 부분이라도 책임이 있는 기업이라면 실제로 환경 문제 해결에 기여하려는 모습을 보여야 한다. 따라서 소비자가 재활용 플라스틱과 관련된 기업 활동을 접했을 때 가장 먼저 생각해봐야 하는 것은 이 제품의 수요가 얼마나 되는지다.

그렇다면 기업이 선한 의도를 가지고 재활용 플라스틱을 사용한 제품이 소비자에게 외면받는 경우는 어떻게 평가되어야 할까? 수요성을 중요한 기준으로 삼아야 하는 걸까? 아니면 의도가 선하기 때문에 환경 보호를 위한 노력으로 봐야 하는 걸까? 이런 경우에도 수요성이 중요한 평가 기준이 되어야 한다. 플라스틱으로 인한 환경 오염의 심각성은 이 책의 전반부에서 충분히 설명했다. 플라스틱으로 된 제품을 생산하고 판매하는 기업들은 현재 플라스틱 문제에 일차적 원인 제공자다. 그렇기 때문에 환경 보호와 관련된 이들의 활동은 결과를 기준으로 평가되어야 한다. 아무리 의도가 좋아도 수요가 없는 제품을 만드는 것은 책임을 다하지 않은 것이다. 선한 의도로 만든 제품이 시장에서 실패했다면 더 상품성이 뛰어난 제품을 만들기 위해 노력해야 한다. 기업이 많은 소비자에게 사랑받는 히트 상품을 만들기 위해 모든 노력을 다하는 것처럼 재활용 플라스틱을 사용해서 수요가 높은 제품을 만들기 위해 최선의 노력을 다해야 한다.

2. 제품과 포장 전반에 걸쳐
   재활용 자원을 사용했는가?

상품성이 뛰어난 제품에 재활용 플라스틱을 사용하는 것은 플라스틱 순환에 큰 도움을 준다. 이런 제품은 하나만 만들어도 높게 평가될 일이지만 보다 이상적인 것은 기업이 만드는 모든 제품에 재활용 플라스틱과 자원을 사용하는 것이다. 제품 중에서 재활용 플라스틱을 사용하기 쉬운 제품과 그렇지 않은 제품이 있다. 가령, 외투로 입는 플리스 재킷의 경우 품질이 좋은 재활용 폴리에스터를 구입하기 쉽고, 소비자들도 외투에 사용되는 재활용 폴리에스터에 대한 거부감이 적기 때문에 재활용 플라스틱을 사용해도 제품의 상품성을 해치지 않는다. 하지만 플리스 재킷이나 가방 등 일부 제품을 제외하면 기업이 원하는 재활용 플라스틱을 찾기 어려울 수도 있고 소비자의 거부감이 있을 수도 있다. 그러므로 기업이 생산하는 제품 전반에 걸쳐서 재활용 플라스틱을 사용하는 것은 기업의 결단과 노력이 필요한 일이다. 그런 이유에서 소비자가 기업의 진정성을 평가할 수 있는 좋은 지표가 된다.

소비자가 환경 보호를 위한 기업의 노력을 평가하기 위해서는 기업이 판매 중인 제품 가운데 재활용 자원을 사용한 제품의 비율이 어느 정도인지 확인하면 된다. 파타고니아는 자신들이 판매하는 제품 가운데 재활용 자원을 사용해서 만든 제품의 비율이 어느 정도인지 공개하고 있다. 2020년 가을 기준으로 전체 상품 중 68%가 재활용 자원으로 만들어지고 있다. 원재료 기준으로는 파타고니아가 사용하는 전체 원재료 가운데 69%가 재활용을 통해서 얻은 원재료다. 반면 재활용 플라스틱을 사용한다고 크게 홍보하는 기업들을 보면 하나의 제품이나 한정된 제품라인에만 재활용 플라스틱을 사용하는 경우가 많다. 일부 제품에 재활용 자원을 사용하는 것과 제품 전반에 재활용 자원을 사용하는 것은 환경 보호와 플라스틱 순환에 기여하는 정도에 있어서 큰 차이가 있다. 이 때문에 소비자는 일부 제품에만 재활용 자원을 사용하는 기업과 제품 전반에 재활용 자원을 사용하는 기업을 분명하게 구분해야 한다. 그리고 제품 전반에 재활용 자원을 사용하려고 노력하는 기업을 인정하고 응원해야 한다. 이것은 지금 시대에 소비자들에게 주어진 가장 중요한 의무다.

제품과 더불어 자원이 가장 많이 낭비되고 있는 것은 제품의 포장재다. 제품에는 비닐, 스티로폼 완충재, 종이 상자 등 다양한 종류의 포장재가 사용된다. 소비자는 기업이 제품뿐만 아니라 포장재에서도 환경 보호를 위한 노력을 하는지 주의 깊게 살펴봐야 한다. 포장재를 불필요하게 많이 사용하고 있지는 않는지, 포장재 생산에 재활용 자원을 포함하고 있는지, 포장재가 재활용 가능한 형태로 디자인되어 있는지 등을 확인해야 한다. 최근에는 온라인 구매와 배달이 증가하면서 제품 포장에 사용되는 포장재도 급격하게 늘어나고 있으므로 기업이 포장재 폐기물을 줄이고, 포장재에 재활용 자원을 사용하려고 노력하는지를 기업 평가의 중요한 기준으로 삼아야 한다.

3. 생산 및 운영 과정에 있어서
자원 사용을 줄이고 재활용 플라스틱을 활용했는가?

기업의 환경 보호 활동의 진정성을 가늠할 수 있는 중요한 기준은 기업이 보이지 않는 곳에서도 환경을 보호하기 위해 노력하는지의 여부다. 폐기물은 기업이 환경을 오염시키는 다양한 요인 가운데 하나일 뿐이다. 제품 외에도 제품의 생산 과정에서 많은 자원이 낭비되고 미세 플라스틱과 환경에 좋지 않은 화학물질이 하수를 통해 배출되고 있다. 제품의 운송이나 보관 과정에서도 많은 자원이 낭비된다. 또한 사무실의 전기 낭비나 과도한 일회용품 사용도 문제가 된다. 환경을 보호하고 플라스틱 순환에 진정성을 가진 기업이라면 소비자들 눈에 쉽게 드러나지 않는 곳에서도 환경 보호를 위해 노력해야 한다. 따라서 기업의 진정성을 평가할 수 있는 중요한 기준은 기업이 내부 과정에서도 플라스틱을 순환하고 환경을 보호하기 위해 노력하는가이다.

소비자들이 기업의 생산과 운영 과정을 직접 들여다보기는 어렵다. 대신 언론 보도나 기업에 대한 평가 자료에 관심을 가져야 한다. 많은 언론인들이 기업의 내부 과정에서 발생하는 문제들에 대해 취재하고 기사를 쓰고 있으므로 조금만 관심을 기울이면 기업의 내부 과정에서 발생하는 문제들에 대한 기사를 쉽게 찾아볼 수 있다. 비영리기관이나 환경 단체 등이 작성한 평가 자료도 있다. 물론 아직은 환경 보호 측면에서 기업의 내부 과정에 대한 평가가 제대로 이뤄지고 있지는 않지만, 앞으로는 점차 다양한 기관에서 기업의 환경 보호 노력에 대한 다방면의 평가가 이뤄질 것이다.

그런데 기업의 환경 보고 활동에 대한 평가 자료나 보고서는 관련 내용에 대한 지식이 없는 일반 소비자가 이해하기에는 어려울 수도 있다. 하지만 기업이 환경 보호를 위해 연구하고 노력하는 만큼 환경 문제에 관심 있는 소비자라면 스스로 환경 문제에 관해 공부하고 기업의 활동을 평가할 수 있는 지식을 갖추는 것이 바람직하다. 환경을 보호하기 위해서는 소비자도 노력해야 한다.

4. 자사가 판매한 제품의 플라스틱을 수거했는가?

플라스틱이 순환하기 위해서는 기업이 배출한 폐기물을 직접 수거하고 자연에 방치된 폐기물도 수거하려는 노력이 필요하다. 최근 매장이나 사업장에 빈 용기 수거 시스템을 도입하는 기업들이 점차 증가하고 있다. 매장 안에 빈 용기 수거함을 설치하거나 서비스 공간에 빈 용기를 회수하는 자판기를 도입하기도 한다. 그런데 용기 수거함이나 자판기를 설치하는 것 자체가 환경 보호에 도움이 되는 것은 아니다. 중요한 것은 수거율이다. 수거율을 높이기 위해서는 수거 시스템이 필요한데, 이를 도입하는 것은 큰 비용이 들지 않는다. 어떤 기업이라도 할 수 있다. 여기서 중요한 것은 수거 시스템을 도입하는 것이 아니라 수거 시스템을 통해 얼마나 많은 폐기물을 수집했는지다. 즉, 수거율을 중요한 평가 기준으로 여겨야 한다.

수거율과 함께 수거된 폐기물의 사용처에도 관심을 가질 필요가 있다. 아무리 많은 양의 플라스틱 폐기물을 수집했더라도 수집된 폐기물을 모두 재활용 센터로 보내는 경우, 플라스틱이 제대로 순환되는지 확인할 수 없다. 한국에서 수집된 플라스틱 폐기물이 제대로 재활용되지 못하고 있는 현실을 고려할 때 이들 중 많은 양의 플라스틱 폐기물이 땅에 매립되거나 소각될지 모른다. 따라서 기업은 수거한 플라스틱을 스스로 재활용하려는 노력을 해야 한다. 플라스틱 폐기물을 끝까지 책임지는 것이 진정한 의미에서 플라스틱을 순환하는 것이다.

5. 환경 보호 활동을 지나치게 홍보하고 있지는 않는가?

플라스틱 순환을 위한 원칙과는 별개로 소비자들은 기업의 홍보 활동을 눈여겨볼 필요가 있다. 진심으로 환경 문제에 관심 있는 기업이라면 자신의 활동을 군이 홍보할 필요가 없다. 자신들이 만드는 제품에 재활용 플라스틱을 사용하고 제품의 생산 과정에서 자원의 낭비를 줄이며 환경을 보호하려고 노력하는 것만으로도 충분하다. 이런 진실한 노력이 지속된다면 소비자들은 기업이 가진 진정성을 알게 될 것이다. 만약 어떤 기업이 자신의 환경 보호 활동을 언론이나 광고를 통해 크게 홍보하고 있다면 소비자들은 이 기업이 실제로 환경 보호에 어떻게 기여하는지를 살펴봐야 한다.

어떤 기업이 2만 개의 플라스틱 페트병을 재활용했다는 사실을 크게 홍보했다고 가정해보자. 페트병 하나를 15그램이라고 가정하면, 이 기업이 재활용한 페트병은 300킬로그램이다. 이 숫자가 환경 보호에 얼마나 기여하는지를 가늠해보려면 이 회사가 지금까지 사용한 플라스틱의 양이 얼마나 되는지 또는 지금까지 판매한 플라스틱 제품이 얼마나 되는지와 비교해보면 된다. 만약 몇천 톤의 플라스틱 제품을 판매한 기업이 300킬로그램의 페트병을 재활용했다고 크게 홍보한다면 이는 누가 봐도 진정성 있는 활동으로 보기 어렵다.

홍보 자료의 내용에도 주의를 기울여야 한다. 재활용 플라스틱은 소비자에 의해 사용된 재활용 플라스틱Post-Consumer Recycled plastic, PCR과 그렇지 않은 재활용 플라스틱으로 구분된다. PCR 플라스틱은 소비자가 버린 플라스틱 제품을 재활용해서 만드므로 수거 및 재활용 과정에서 많은 노력과 비용이 수반된다. 반면 PCR이 아닌 재활용 플라스틱은 제품의 생산 과정에서 남은 플라스틱이나 판매되지 않은 재고 제품을 재활용해서 만든다. 당연히 환경 보호 측면에서는 PCR 플라스틱이 그렇지 않은 재활용 플라스틱보다 바람직하다. 많은 기업들은 재활용 플라스틱을 사용했다는 사실을 홍보할 때 자신들이 사용한 플라스틱이 PCR인지 아닌지를 밝히지 않는다. PCR 플라스틱을 사용하지 않았음에도 소비자들에게 마치 버려진 페트병을 재활용한 것처럼 홍보한다면 이는 진실하지 못한 기업이다.

기업의 환경 관련 목표 속에서도 기업의 진정성을 가늠할 수 있다. 많은 기업들은 언론을 통해 자신들의 환경 목표를 발표한다. 보통 '몇 년도까지 어떠한 목표를 달성하겠다'는 식의 선언이 이뤄지는데, 언론을 통해 이런 사실을 접하는 소비자들은 이 기업이 환경 보호를 위해 노력하고 있다는 인상을 받게 된다. 하지만 소비자가 기업의 환경 관련 목표를 접할 때 주의할 점이 두 가지가 있다. 하나는 규제에 의해 강제적으로 따를 수밖에 없는 것을 마치 자신들이 자발적으로 하는 것처럼 포장하는지의 여부다.

코카콜라가 그런 경우에 해당한다. 코카콜라는 2030년까지 재활용 플라스틱 사용률을 50%까지 높이겠다고 발표했다. 그런데 코카콜라와 같은 음료 제조사는 법적으로 2030년까지 재활용 플라스틱을 50% 이상 의무적으로 사용해야 한다. 즉, 코카콜라로서는 본인들이 원하지 않아도 어쩔 수 없이 이를 달성해야 하는 것이다. 그런데도 마치 이 목표가 자신들이 자발적으로 세운 목표인 것처럼 소비자를 호도한다. 소비자들은 코카콜라가 환경 보호를 위해 최선의 노력을 다하는 것처럼 착각할 수 있다. 코카콜라 외에도 정부 규제에 따르는 것을 마치 자신들이 자발적으로 환경 보호에 나서는 것처럼 홍보하는 기업은 수없이 많다. 특히 최근 일회용 플라스틱 규제의 초점이 되고 있는 패스트푸드업계 가운데 이런 경우가 많다. 소비자로서는 기업이 세운 환경 목표가 정부 규제에 대한 대응에 불과한지를 주의 깊게 살펴볼 필요가 있다.

두 번째로 기업의 환경 목표에 사용하는 표현에 유의해야 한다. 많은 기업들은 환경 문제에 대한 자신들의 목표를 말할 때 'A 또는 B'라는 표현을 많이 사용한다. 가령, 화장품 기업 로레알은 2030년까지 로레알이 사용하는 플라스틱을 100% 재활용 플라스틱 또는 바이오 플라스틱을 사용하겠다고 발표했다. 이러한 표현은 로레알이 환경 문제에 크게 기여하는 것처럼 들린다. 하지만 함정은 '또는'이라는 표현에 있다. '또는'이라는 표현은 로레알이 재활용 플라스틱은 전혀 사용하지 않고 바이오 플라스틱만 사용해도 그 목표를 달성했다고 말할 수 있다. 물론 이런 표현을 사용한다고 해서 모든 목표가 이런 의도를 가지고 있는 것은 아니지만 기업의 환경 관련 목표에서 '또는'이라는 표현이 사용될 때에는 그 의미에 대해서 주의를 기울여야 한다.

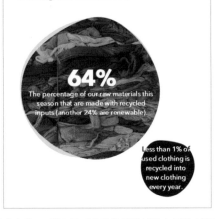

파타고니아는 '또는'이라는 표현으로 자신들의 환경 보호 노력을 부풀리지 않는다. 사진에서 알 수 있듯이 파타고니아는 "100% 재생 가능한 그리고 재활용된 원재료를 사용하겠다"는 목표를 제시하면서 이번 시즌에 생산된 제품들이 몇 퍼센트의 재활용 자원을 사용했고(64%), 몇 퍼센트의 재사용 가능한 자원을 사용했으며(24%), 몇 퍼센트가 수거된 헌 옷을 재활용한 것(1% 미만)인지 구체적으로 밝히고 있다.

환경 보호를 위한 노력에 시끄러운 홍보는 전혀 필요하지 않다. 오른손이 하는 일을 왼손이 모르게 하라는 말처럼 기업의 환경 보호 활동은 조용하게 이뤄져야 한다. 이것이야말로 이 책에서 말하는 진정한 사일런트 리사이클이다.

기업이 아니라
소비자를 움직여라

언론과 환경 단체는 지금까지 환경 문제 해결에 가장 크게 이바지해왔다. 이들은 앞으로도 플라스틱 문제 해결을 위해서 많은 노력을 할 것이다. 나는 환경 문제를 다루는 언론인과 환경운동가에게 큰 존경심을 가지고 있다. 다만 소비자행동을 연구하는 사람의 입장에서 볼 때 이들의 활동이 더 전략적이었으면 하는 바람이다.

언론과 환경 단체들은 특정 기업을 비판하는 경우가 많다. 하지만 기업을 비판하는 것으로는 기업의 변화를 끌어내기 어렵다. 기업을 움직이려면 기업이 아니라 소비자를 타깃으로 해야 한다. 기업을 움직이는 것은 규제나 비판이 아니라 소비자다. 기업은 소비자의 변화에 가장 빠르게 대응한다.

소비자를 움직이는 데 있어서 가장 큰 힘을 발휘하는 것은 정보와 감정이다. 우선 정보에 관해 이야기해보자. 소비자들이 기업을 제대로 평가하기 위해서는 기업이 하는 활동에 대한 정확하고 다양한 정보가 필요하다. 하지만 개별 소비자가 특정 기업의 정보를 얻는 것이 쉽지 않다. 그러므로 언론과 환경 단체의 역할이 중요하다. 지금까지 한 기업이 생산한 플라스틱의 양은 얼마나 되는지, 이 중에서 재활용된 플라스틱의 양은 또 얼마인지, 기업이 눈에 보이지 않는 곳에서 사용하는 자원의 양은 얼마고, 기업의 활동이 환경에 미치는 영향은 얼마인지 등 기업에 대한 다양한 정보를 소비자에게 제공해야 한다. 정보가 많을수록 소비자들은 기업의 홍보성 활동에 현혹될 위험이 줄어든다. 어떤 기업이 플라스틱 공병을 사용해서 새 제품을 만들었다고 대대적인 마케팅과 홍보를 해도 새 제품의 환경 보호 기여도가 그 기업이 배출한 플라스틱 폐기물의 양이나 환경 피해 정도에 비해 턱없이 낮다면 소비자들은 그 기업의 진정성을 의심할 것이다.

소비자를 움직이는 또 하나의 힘은 감정이다. 소비자의 자발적 행동을 유도하기 위해서는 플라스틱으로 인한 환경 오염 문제가 얼마나 심각한지 깨닫게 만들어야 한다. 이를 위해서 필요한 것은 수준 높은 콘텐츠다. 실제로 미국에서 많은 사람들이 플라스틱으로 인한 환경 오염 문제의 심각성을 깨닫는 데 다큐멘터리 영화 〈플라스틱 차이나〉와 〈앨버트로스〉가 큰 역할을 했다. 이런 수준 높은 콘텐츠는 개인이 혼자서 만들기는 어렵다. 그래서 언론이나 환경 단체의 역할이 중요하다. 그들은 기금을 모금할 수도 있고, 콘텐츠 제작의 전문가들을 모을 수도 있으므로 한국에서도 플라스틱 문제에 대해 많은 사람들의 마음에 큰 반향을 일으키는 문화 콘텐츠가 많이 제작되기를 바란다.

환경 단체나 정부가 사람들의 행동을 변화시키는 방법도 더 전략적으로 바뀌어야 한다. 규제나 지시를 통해 소비자의 변화를 끌어내는 데에는 한계가 있다. 오히려 소비자들은 행동의 자유를 제한하면 반발심을 가질 수 있다. 하지 말라고 하면 더 하게 되는 것이 사람의 마음이다. 그래서 필요한 것이 '넛지Nudge'다. 넛지란 사람들의 선택권을 뺏거나 경제적 손해를 끼치지 않으면서 자연스럽게 그들의 행동 변화를 끌어내는 것을 말한다. 이는 노벨 경제학상을 수상한 시카고대학의 리차드 탈러Richard H. Thaler 교수와 하버드 로스쿨 교수인 캐스 R. 선스타인Cass R. Sunstein이 쓴《넛지: 똑똑한 선택을 이끄는 힘》이라는 책을 통해서 널리 알려진 개념이다. 환경 문제와 관련해서도 넛지 전략이 유용한 접근법이 될 수 있다. 예를 들어 분리 배출할 때 사용한 용기의 세척을 유도하기 위해서는 소비자들에게 용기를 세척하라고 지시하는 것보다 '세척되지 않은 용기는 재활용되지 않는다'는 간단한 안내문 하나를 용기에 붙이는 것이 소비자의 행동 변화를 끌어내는 데에는 더 효과적일 수 있다. 넛지 전략은 심리학, 마케팅, 행동경제학 등에서 많이 연구되고 있으며 한국에도 많은 전문가들이 있다. 이들과의 협력을 통해 소비자의 행동 변

화를 자연스럽게 유도할 수 있는 다양한 묘안들을 찾아낼 수 있을
것이다.

맺음말

　　몇 년 전 나는 우연한 기회에 플라스틱 문제를 다루는 다큐멘터리 몇 편을 보게 되었다. 사실 그전까지는 나 역시 환경 문제의 중요성을 머리로만 이해했지 실제 삶에서는 아무런 노력도 하지 않는 사람 중 하나였다. 다큐멘터리를 통해 플라스틱 문제에 대한 심각성을 깨닫고 관련 내용을 찾아보기 시작했지만, 그 과정에서 느낀 것은 답답함뿐이었다. 언론에서 수시로 플라스틱으로 인한 환경 오염 문제를 다루고, 환경 단체에서 꾸준히 노력하며, 소비자들이 열심히 분리배출에 참여하고 있지만, 플라스틱 문제는 해결될 기미가 보이지 않았다. 사람들은 이미 충분한 노력을 하고 있었다. 이들에게 더 많은 노력을 하라고 말할 수는 없는 일이다.

이제는 기업이 나서야 할 차례다. 플라스틱을 생산하고 제품을 만들고 판매하는 기업이 직접 기업의 역량을 총동원해서 플라스틱 문제 해결에 적극적으로 나서야 한다. 동시에 이런 기업에 대해서는 그 노력을 인정하고 응원해줘야 한다. 그렇게 된다면 많은 소비자들이 환경 보호를 위해 순수하고 진실하게 노력하는 기업을 진심으로 존경하게 될 것이고, 기업은 강력한 팬을 얻게 될 것이다.

물론 기업만 노력해야 하는 것은 아니다. 환경 문제는 정부와 소비자도 큰 책임이 있다. 모든 사람이 책임감을 가지고 환경 문제 해결을 위해 함께 노력해야 한다. 기업, 소비자, 환경 단체, 언론, 연구자 구분 없이 한마음, 한뜻으로 노력한다면 플라스틱 문제는 분명 해결될 것이다. 그날이 빨리 올 수 있도록, 우리 아이들에게 그 어느 때보다도 아름다운 대한민국을 물려줄 수 있도록 힘을 모았으면 한다.

주

1부 플라스틱, 재앙의 시작

1 "Production of plastics worldwide from 1950 to 2019 (in million metric tons)",
   Statista, 2021.01.27.
2 Geyer, R., Jambeck, J. R., & Law, K. L. (2017). Production, use, and fate of all
   plastics ever made. Science advances, 3(7), e1700782.
3 Geyer, R., Jambeck, J. R., & Law, K. L. (2017). Production, use, and fate of all
   plastics ever made. Science advances, 3(7), e1700782.
4 앨런 맥아더 재단 보고서, 뉴 플라스틱 이코노미, 2016.
5 앨런 맥아더 재단 보고서, 뉴 플라스틱 이코노미, 2016.
6 앨런 맥아더 재단 보고서, 뉴 플라스틱 이코노미, 2016.
7 "Dead Whale, 220 Pounds of Debris Inside, Is a 'Grim Reminder' of Ocean Trash",
   The New York Times, 2019.12.02.
8 "플라스틱 오염: 죽은 고래 뱃속에 플라스틱 컵 115개 들어 있어", BBC, 2018.11.21.
9 "64 Pounds of Trash Killed a Sperm Whale in Spain, Scientists Say", The New York
   Times, 2018.04.12.

10 "태국 야생 사슴 뱃속에서 나온 쓰레기들···플라스틱만 7kg", 중앙일보, 2019.11.27.

11 Lee, W. S., Cho, H. J., Kim, E. W., Huh, Y. H., Kim, H. J., Kim, B. S., ... & Jeong, J. Y. (2019). Bioaccumulation of polystyrene nanoplastics and their effect on the toxicity of Au ions in zebrafish embryos. Nanoscale, 11(7), 3173-3185.

12 "11일만에 죽었다···제주 앞바다 아기거북의 비참한 최후", 중앙일보, 2019.12.13.

13 Wilcox, C., Puckridge, M., Schuyler, Q. A., Townsend, K., & Hardesty, B. D. (2018). A quantitative analysis linking sea turtle mortality and plastic debris ingestion. Scientific reports, 8(1), 1-11.

14 "'당신 뱃속에서 비닐봉지 80장 나온다면'···숨진 돌고래의 경고", 중앙일보, 2018.06.03.

15 Chris Wilcox, Erik Van Sebille, & Britta Denise Hardesty. (2015). Threat of plastic pollution to seabirds is global, pervasive, and increasing. Proceedings of the National Academy of Sciences, 112(38), 11899-11904.

16 Tetu, S. G., Sarker, I., Schrameyer, V., Pickford, R., Elbourne, L. D., Moore, L. R., & Paulsen, I. T. (2019). Plastic leachates impair growth and oxygen production in Prochlorococcus, the ocean's most abundant photosynthetic bacteria. Communications biology, 2(1), 1-9.

17 Lamb, J. B., Willis, B. L., Fiorenza, E. A., Couch, C. S., Howard, R., Rader, D. N., ... & Harvell, C. D. (2018). Plastic waste associated with disease on coral reefs. Science, 359(6374), 460-462.

18 Allen, S., Allen, D., Phoenix, V. R., Le Roux, G., Jiménez, P. D., Simonneau, A., ... & Galop, D. (2019). Atmospheric transport and deposition of microplastics in a remote mountain catchment. Nature Geoscience, 12(5), 339-344.

19 Bergmann, M., Mützel, S., Primpke, S., Tekman, M. B., Trachsel, J., & Gerdts, G. (2019). White and wonderful? Microplastics prevail in snow from the Alps to the Arctic. Science Advances, 5(8), eaax1157.

20 "Waste plastic exports squeezed by Chinese ban", Nikkei Asian Review, 2019.03.27.

21 Brooks, A. L., Wang, S., & Jambeck, J. R. (2018). The Chinese import ban and its impact on global plastic waste trade. Science Advances, 4(6), eaat0131.

22 EUROMAP, 세계 63개국 플라스틱 생산 및 소비 조사 보고서, 2016.

23 "Indonesia threatens to report countries for refusing to take back waste", Reuters, 2019.10.31.

24 "페트병 재활용, 일본에 '9 대 5'", 식품음료신문, 2018.09.18.

2부 플라스틱을 알아야 답이 보인다

1 "커피전문점 96%, 환경호르몬 우려 컵뚜껑 사용", 한겨레, 2017.10.31.

2 "재활용하는 줄 알았는데 … 아이스 음료컵 '말로만 재활용'", SBS 뉴스, 2017.07.03.

3 앨런 맥아더 재단 보고서, 뉴 플라스틱 이코노미, 2016.

4 "[팩트체크] 대한민국 재활용률 세계 2위, 숨겨진 비밀", 노컷뉴스, 2019.06.10.

5 "Soft Drinks and Mineral Waters in South Korea", Euromonitor, 2019.

6 "[왜냐면] 국민 신뢰에 기반한 북유럽의 수도정책", 한겨레, 2019.06.17.

7 "Bioplastics could be "just as bad if not worse" for the planet than fossil-fuel plastics", Dezeen, 2019.04.15.

8 Napper, I. E., & Thompson, R. C. (2019). Environmental deterioration of biodegradable, oxo-biodegradable, compostable, and conventional plastic carrier bags in the sea, soil, and open-air over a 3-year period. Environmental science & technology.

9 "Biodegradable plastic 'false solution' for ocean waste problem", The Guardian, 2016.03.23.

10 "These are the major brands donating to the Black Lives Matter movement", cnet, 2020.06.16.

11 "Coca-Cola Named The World's Most Polluting Brand in Plastic Waste Audit", Forbes, 2019.10.29.

12 "Why Plastic Waste Is a C-Suite Issue", Harvard Business Review, 2020.04.21.

3부 순환적 플라스틱을 위한 다섯 가지 리사이클 원칙

1 "Davos 2020: People still want plastic bottles, says Coca-Cola", BBC, 2020.01.21.
2 IKEA, IKEA Democrastic Design.
3 McKinsey & Company, Style that's sustainable: A new fastfashion formula, 2016.
4 Global Fashion Agenda and Boston Consulting Group, Pulse of the fashion industry, 2017.
5 앨런 맥아더 재단 보고서, A New Textile Economy: Redesigning Fashion's Future, 2017.

4부 지속 가능한 플라스틱을 위한 브랜드 전략

1 Al, R., & Jack, T. (1981). Positioning: The battle for your mind. New York: McGrawHill.

플라스틱은 어떻게
브랜드의 무기가 되는가

파타고니아에서 이케아까지,
그린슈머를 사로잡은 브랜드의 플라스틱 인사이트를 배운다

초판 1쇄 발행 2021년 4월 30일
초판 4쇄 발행 2023년 8월 8일

지은이 김병규
펴낸이 성의현
펴낸곳 (주)미래의창

편집주간 김성옥
편집진행 김효선
디자인 공미향 · 윤일란
홍보 및 마케팅 연상희 · 이보경 · 정해준 · 김제인

출판 신고 2019년 10월 28일 제2019-000291호
주소 서울시 마포구 잔다리로 62-1 미래의창빌딩(서교동 376-15, 5층)
전화 070-8693-1719 **팩스** 0507-1301-1585
홈페이지 www.miraebook.co.kr
ISBN 979-11-91464-07-8 03320

※ 책값은 뒤표지에 있습니다.